全国高等职业教育机电类“十二五”规划教材

机械制图习题集

主　编　商冬青

黄河水利出版社

·郑州·

内 容 提 要

本书是全国高等职业教育机电类“十二五”规划教材。以《高职高专工程制图课程教学基本要求（机械类专业）》为依据，结合作者多年的实践教学经验，针对高职院校的特点编写的，注重培养学生的实践能力，基础理论简明实用。

本书采用最新的《技术制图》和《机械制图》国家标准，全书包括九章。内容包括制图基本知识、投影基础、轴测图、立体的表面交线、组合体、机件的常用表达方法、标准件和常用件、零件图、装配图。

本书可作为高职高专和成人教育学院机械类及相关专业的教材，也可供有关工程技术人员参考。与本书配套的《机械制图》由黄河水利出版社同时出版，可供读者成套使用。

图书在版编目（CIP）数据

机械制图习题集/商冬青主编. —郑州：黄河水利出版社，2011.12

全国高等职业教育机电类“十二五”规划教材

ISBN 978-7-5509-0040-0

Ⅰ.①机… Ⅱ.①商… Ⅲ.①机械制图-高等职业教育-习题集 Ⅳ.①TH126-44

中国版本图书馆CIP数据核字(2011)第271864号

出 版 社：黄河水利出版社

地址：河南省郑州市顺河路黄委会综合楼14层　　邮政编码：450003

发行单位：黄河水利出版社

发行部电话：0371-66026940、66020550、66028024、66022620(传真)

E-mail: hhslcbs@126.com

承印单位：河南新华印务有限公司

开本：787 mm×1 092 mm　1/16

印张：6.75

字数：160 千字　　印数：1—4 000

版次：2011年12月第 1 版　　印次：2011年12月第 1 次印刷

定价：16.00 元

前 言

《机械制图》是高等职业院校机械类专业必修的一门技术基础课，其任务是培养学生具有一定的读图能力、图示能力、空间想象和空间思维能力及绘图技能，要想真正掌握制图的理论和技能必须经过大量的练习。为此，我们编写了《机械制图习题集》。该习题集与商冬青主编的《机械制图》教材配套使用。该习题集是从学生的实际出发，以满足机械类各专业的教学需要而编写的。

本习题集具有以下优点:

(1)全书采用我国最新颁布的技术制图和机械制图国家标准。

(2)为便于组织教学，习题集编排顺序与教材体系一致，每一章的习题力求精练，又留有选作余地。适当减少投影理论部分习题，增加组合体、机件表达方法和零件图部分的习题，习题由浅入深，由易到难，便于教师针对不同层次的学生选用，因材施教。

(3)在紧密结合本课程教学基本要求的基础上，练习题、作业题力求结合工程实际，并将职业资格证书的考试内容纳入教材，使教学更具职业性，使学生学有所用，增强学生的市场竞争力。

参加本习题集编写工作的有：商冬青、崔沛、营毅、郭佳俊、卢松涛、张路霞，全书由商冬青统稿。

本习题集适合高等职业院校、高等专科学校工程技术类及相关专业使用，也可作为中、高级职业技能鉴定培训用习题集。

由于编者水平有限，编写时间仓促，难免存在不足之处，恳请同行专家和读者批评指正。

编　者

2011年7月

目 录

第一章　制图的基本知识

1-1　字体练习

机械制图国家标准工程语言技术交流标题栏姓名

大专院校系部专业班级材料比例日期描图测绘你好成功胜利

班级		姓名		学号		页次	1

1-2　字体练习

I II III IV V VI VII VIII IX X　0 1 2 3 4 5 6 7 8 9 1 2 3

A B C D E F G H I J K L M N O P Q R S T U V W X Y Z A B C D E F G H I J

a b c d e f g h i j k l m n o p q r s t u v w x y z a b c d e f g h j k l m n

班级		姓名		学号		页次	2

1-3　图线练习

图名：图线练习

图幅：A4

比例：自定

一、作业内容

抄画图线、图形。

二、作业目的

1.熟悉制图标准中有关图幅、图线的规定。

2.初步掌握绘图仪器、工具的操作方法和作图方法。

3.初步掌握图线画法。

三、作业要求

1.按照右图所示图线将其抄画在A4号图纸上。

2.绘图仪器、工具的使用方法要正确。

3.同一类型图线的粗细要均匀一致，虚线、点画线的长短、间隔要一致。

4.布图要匀称，图面要整洁。

班级		姓名		学号		页次	3

1. 标注圆的直径，尺寸由图中量取。

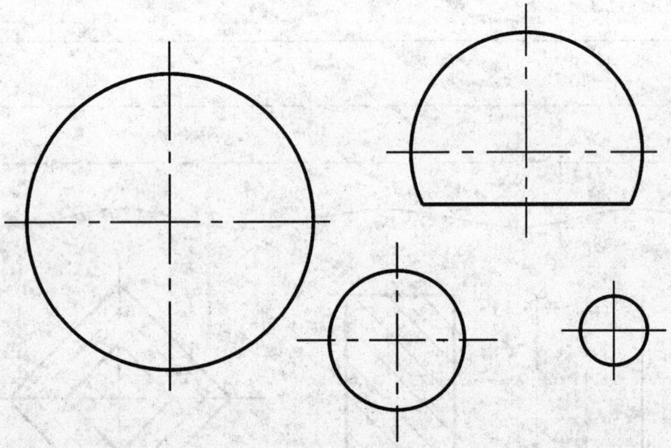

2. 在下图中正确地标出角度尺寸。

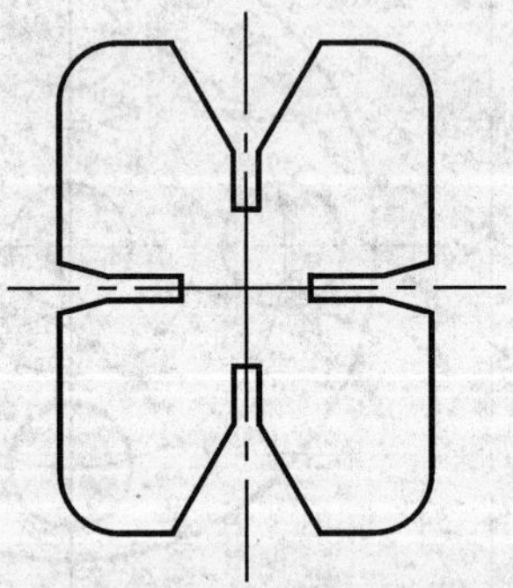

3. 分析上图中错误的尺寸标注，并在下图中正确注出。

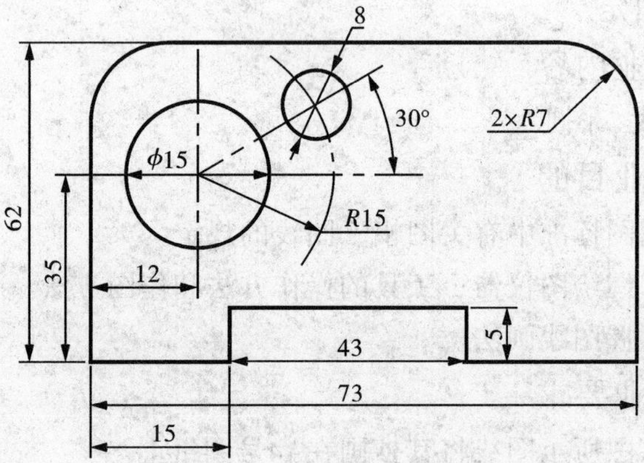

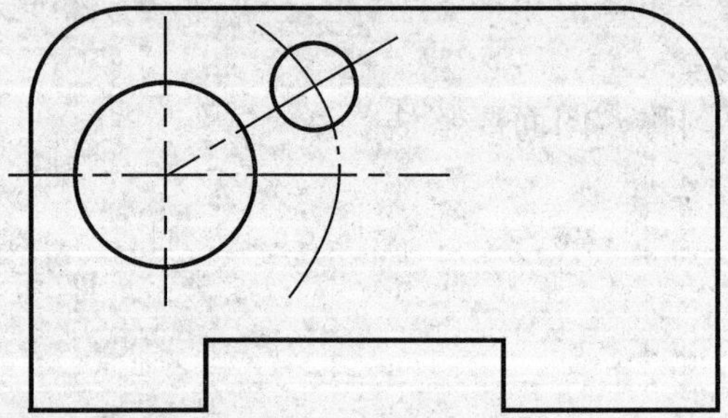

班级		姓名		学号		页次	4

1-5　几何作图

1. 参照左图，在指定位置按1:6斜度画全图形轮廓，并标注。

2. 参照左图，在指定位置作1:3锥度图形。

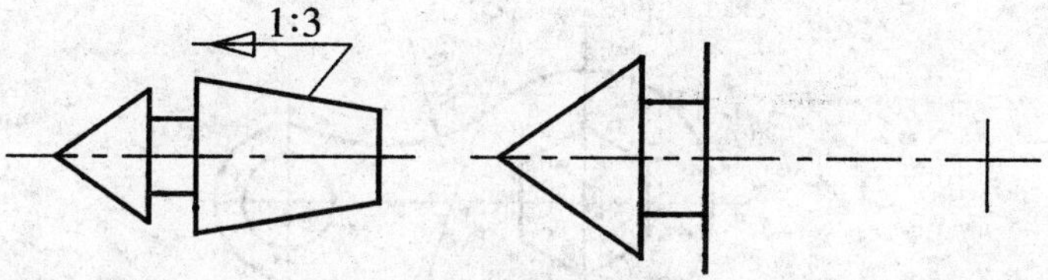

3. 作圆的内接正六边形。

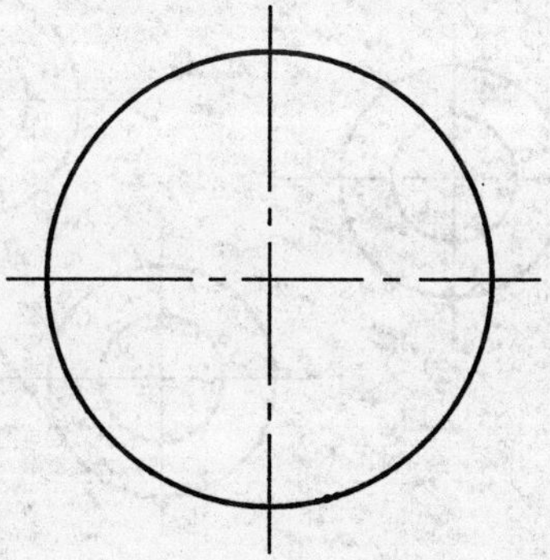

4. 用四心法画椭圆(长轴60 mm，短轴40 mm)。

班级		姓名		学号		页次	5

1–6　根据小图尺寸，在指定位置完成圆弧连接

1.

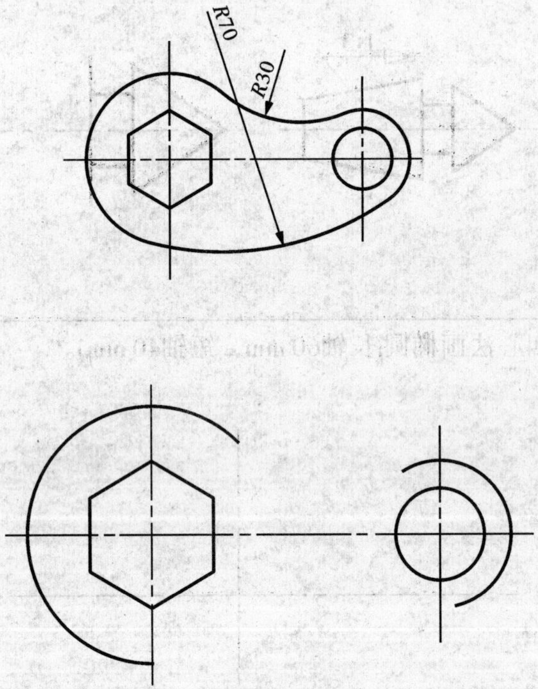

2.

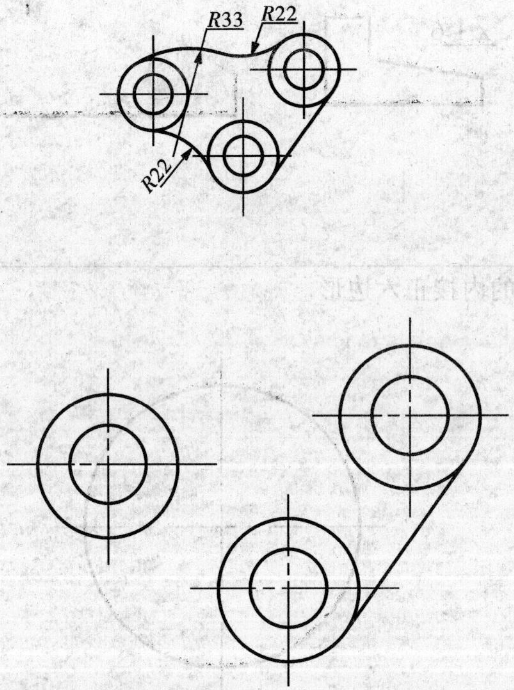

班级		姓名		学号		页次	6

1-7　平面图形及尺寸作业

图名：平面图形

图幅：A3(根据图形的尺寸确定图纸横放或竖放)

比例：自选

一、作业内容

画平面图形(圆弧连接)，并标注尺寸(见习题1-8、1-9作业题图)。

二、作业目的

1.熟悉圆弧连接的作图方法。

2.学习平面图形的尺寸分析。

3.初步掌握图线画法。

三、作业要求

1.根据图上所注尺寸将其抄画在A3号图纸上，并标注尺寸。

2.正确定出图上各圆弧的圆心和连接点(切点)的位置，光滑地连接各圆弧。

3.尺寸标注正确，图线符合要求，布图匀称，图面整洁。

四、作业指导

1.绘图前认真分析图形的尺寸，先确定出圆弧连接中的已知线段并画出，然后画出中间线段，最后画连接线段。

2.画底稿时图线要细而淡，圆心和切点的位置要找正确，并在底稿中作出辅助线，以保证加深时圆弧的光滑连接。

3.画完底稿后，擦去多余图线，并进行认真检查，确认无误后再开始加深。

4.加深画线时要先画圆及圆弧再画直线，自上而下，从左到右依次加深，这样可保证图纸干净整洁。

5.尺寸标注要完整、正确、清晰、合理。

6.图框格式、标题栏、图纸、字体要符合《技术制图》国家标准的要求。

班级		姓名		学号		页次	7

1-8 平面图形及尺寸作业

1.

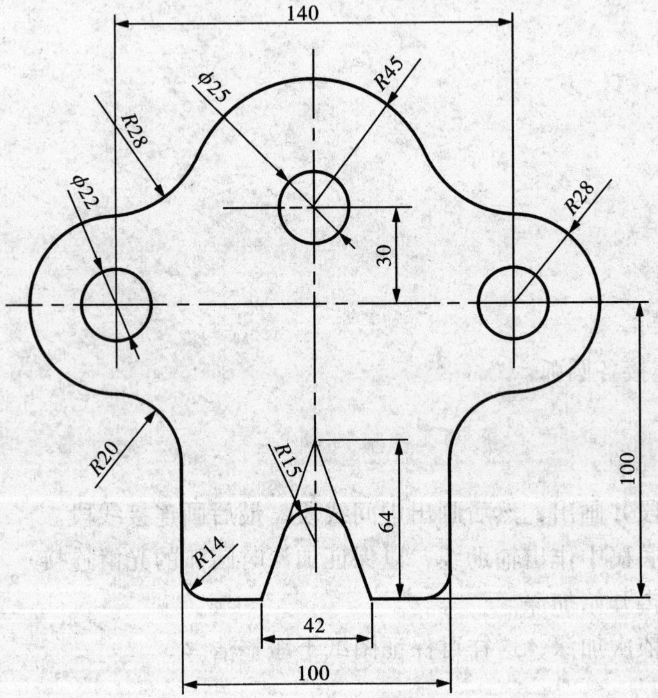

2.

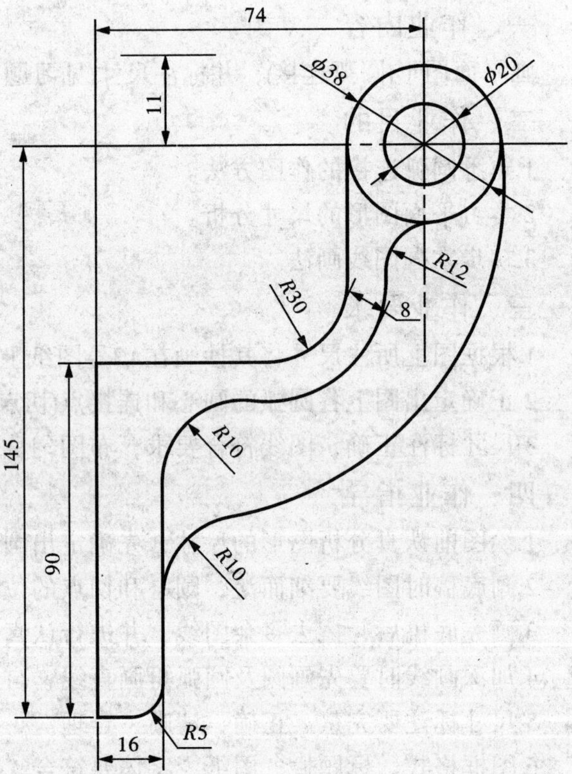

班级		姓名		学号		页次	8

1-9　平面图形及尺寸作业

1.

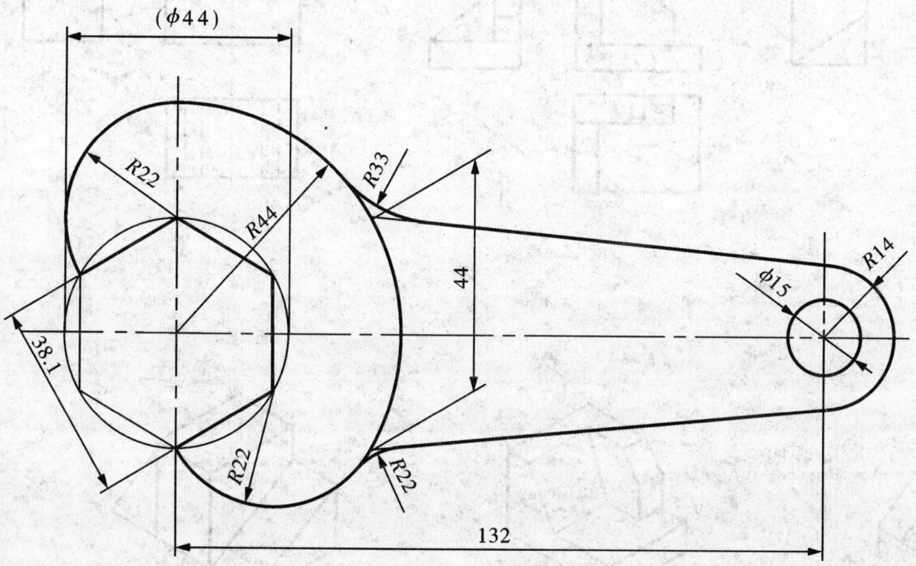

2.

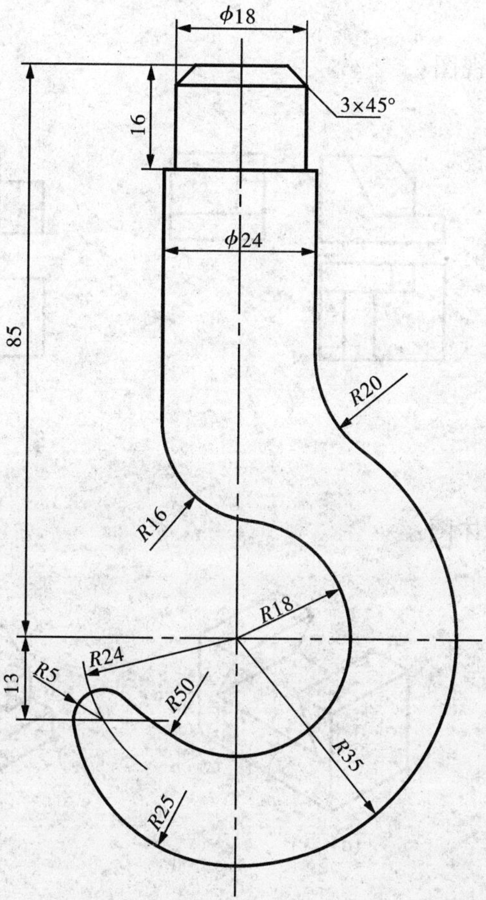

班级		姓名		学号		页次	9

第二章　投影基础

2-1　根据三视图选择对应的立体图

1.　　2.　　3.　　4.

三视图：

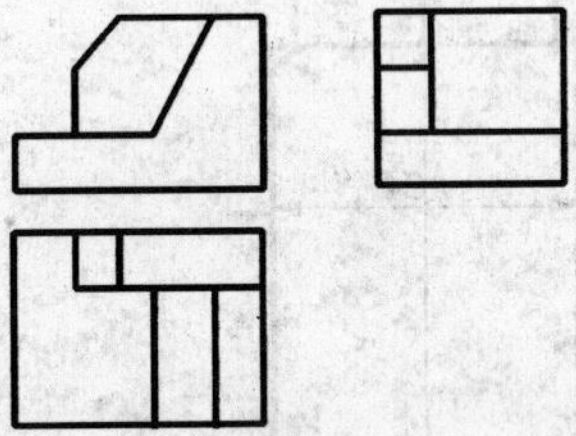

(　　)

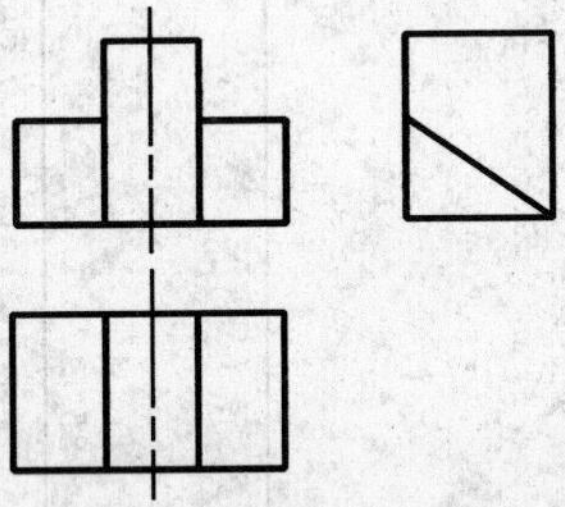

(　　)

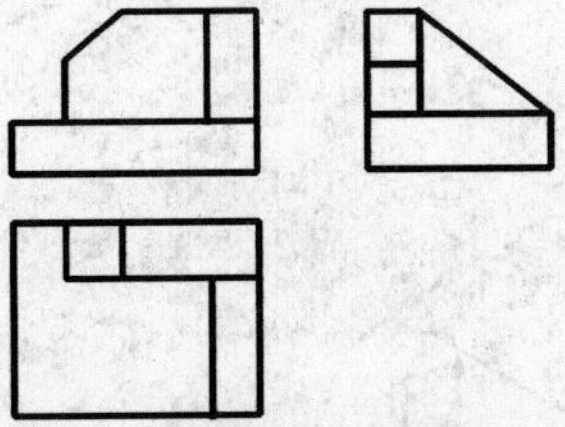

(　　)

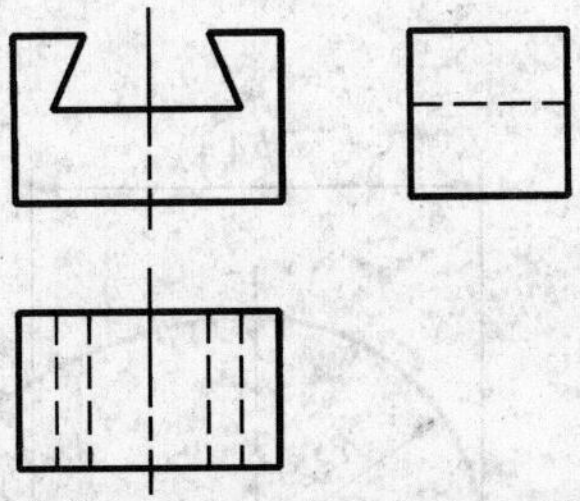

(　　)

立体图：

(a)

(b)

(c)

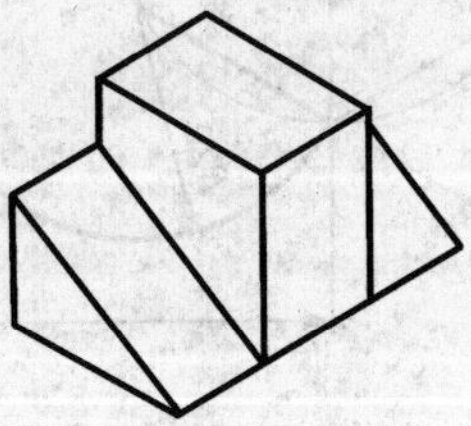

(d)

班级		姓名		学号		页次	10

2–2　点的投影

1. 作出轴测图中A、B两点的三面投影图，尺寸从图中量取并取整数。

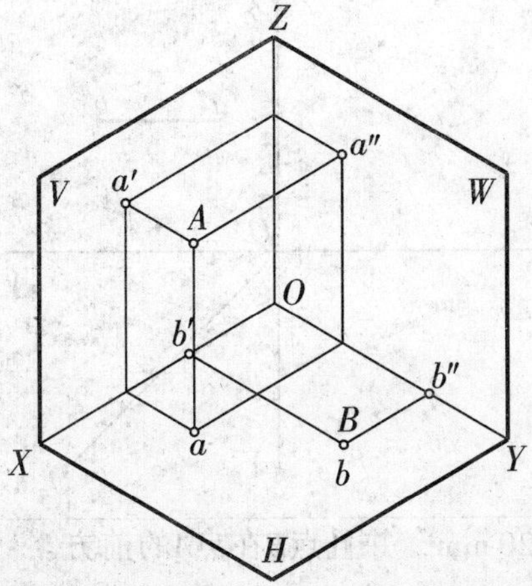

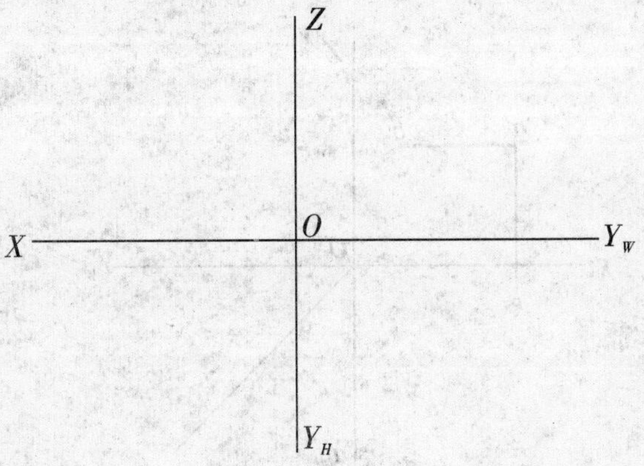

2. 根据C、D两点的两面投影，求作第三面投影，并作出它们的直观图。

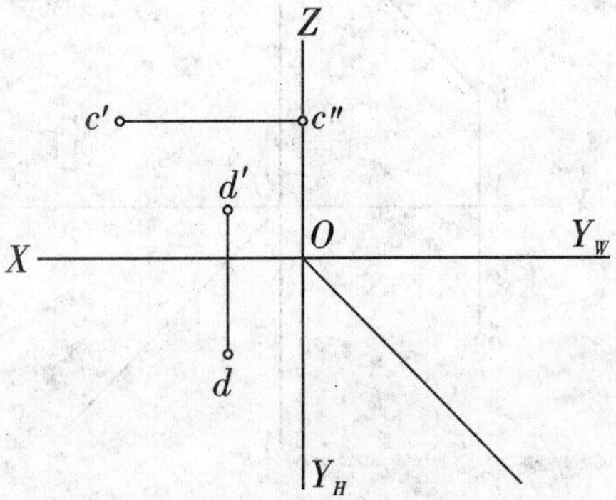

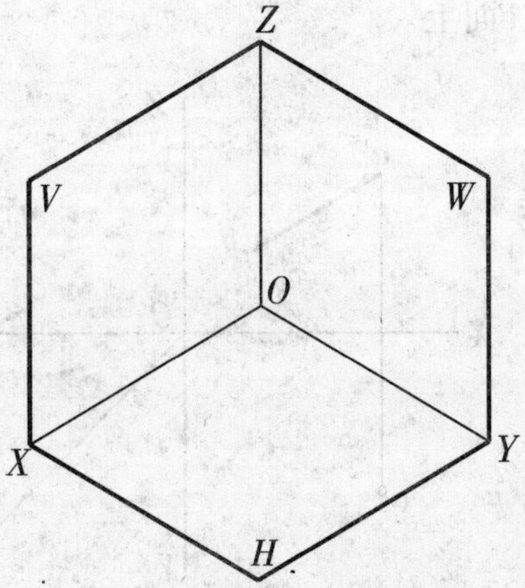

班级		姓名		学号		页次	11

2-3　根据已知条件，画出直线AB的三面投影

1. 已知AB平行于V面。

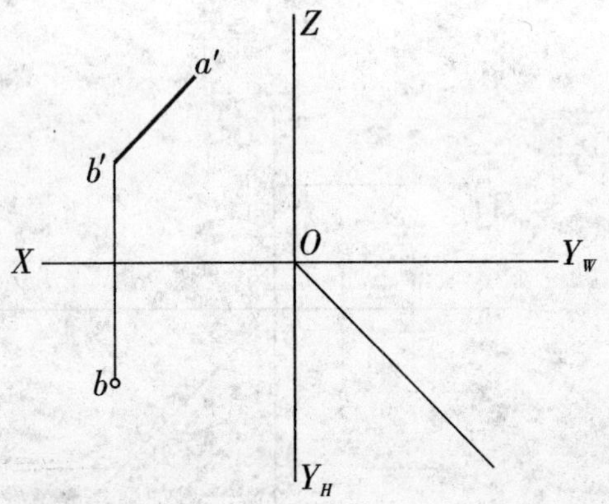

2. 已知AB垂直于V面，距W面25 mm。

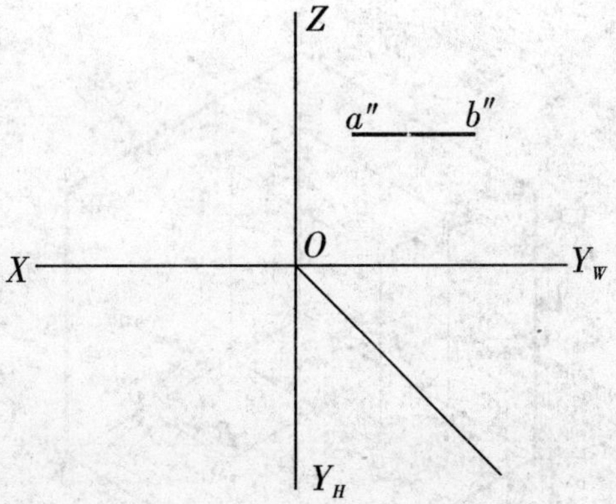

3. 已知点B在V面上。

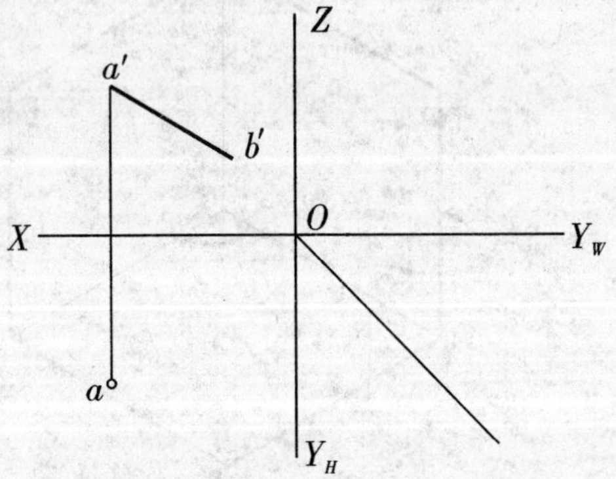

4. 已知AB长20 mm，并且点B在点A的前方。

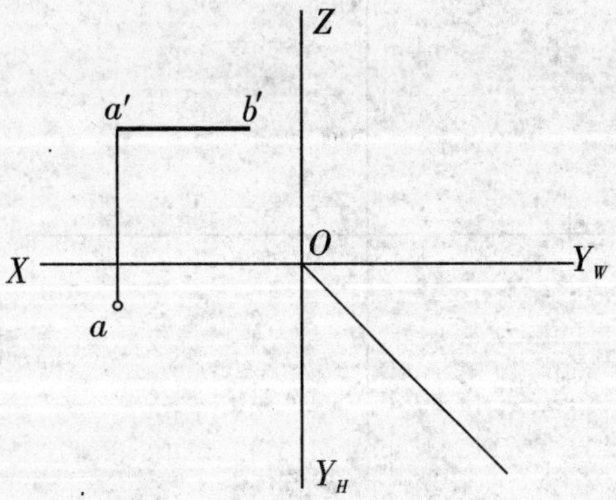

班级		姓名		学号		页次	12

2-4 直线的投影

1. 判断下列直线相对于投影面的空间位置。

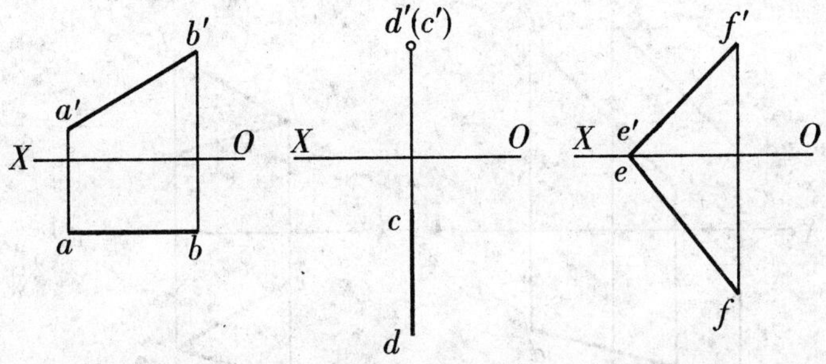

AB是________线　　CD是________线　　EF是________线

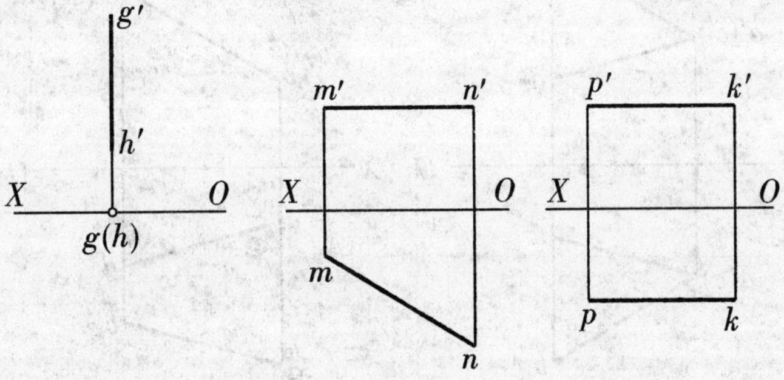

GH是________线　　MN是________线　　PK是________线

2. 在直线AB上作出点M的三面投影，使点M距H面为20 mm。

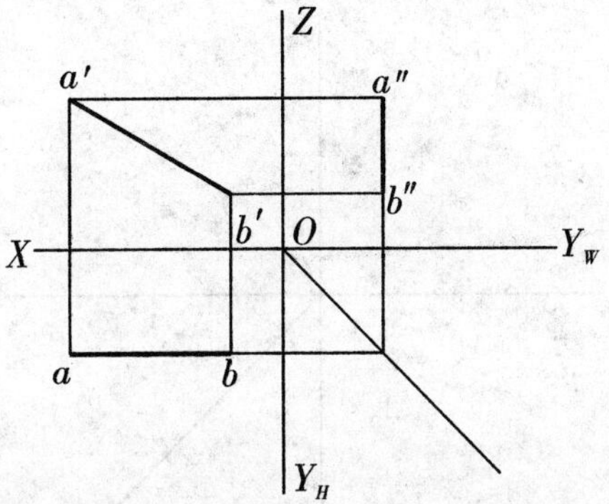

3. 在直线AB上作点K的三面投影，使点K距V面为15 mm。

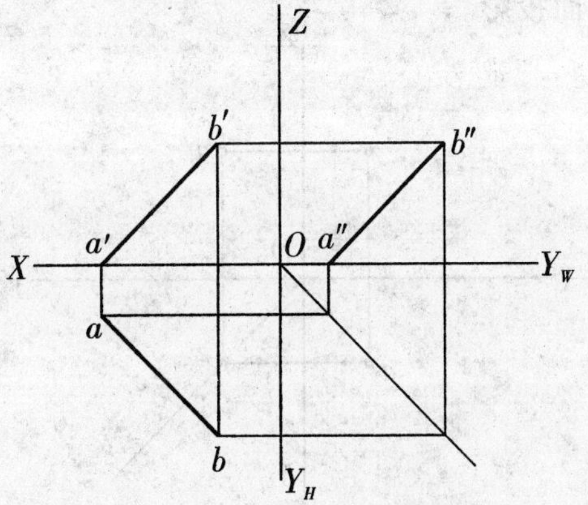

班级		姓名		学号		页次	13

2–5　直线的投影

1. 已知点*A*的投影*a′*，过点*A*作长度为20 mm、距*V*面15 mm、与*H*面成45°倾角的正平线*AB*(点*B*在点*A*的右上方)的三面投影。

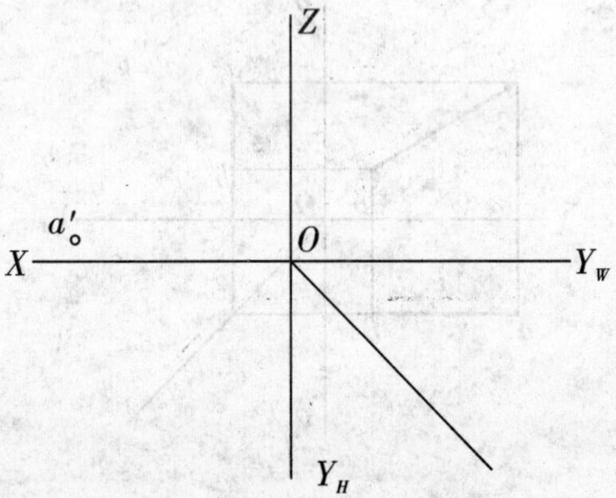

2. 已知直线*AB*是水平线，从点*A*向左，向前，β =30°，长20 mm，作出*AB*的三面投影。

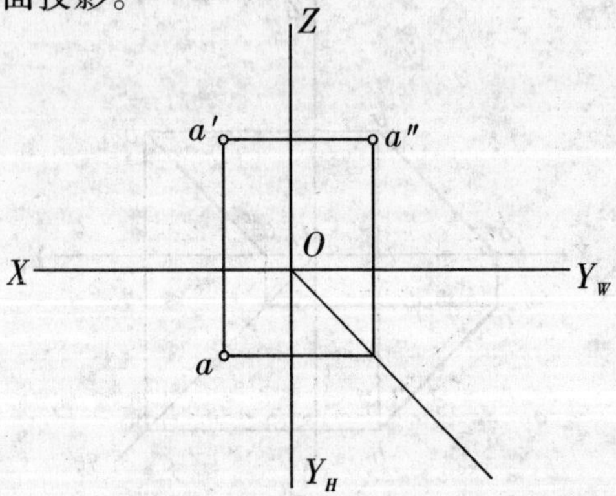

3. 判断直线*AB*和*CD*的相对位置(平行、相交、交叉)。

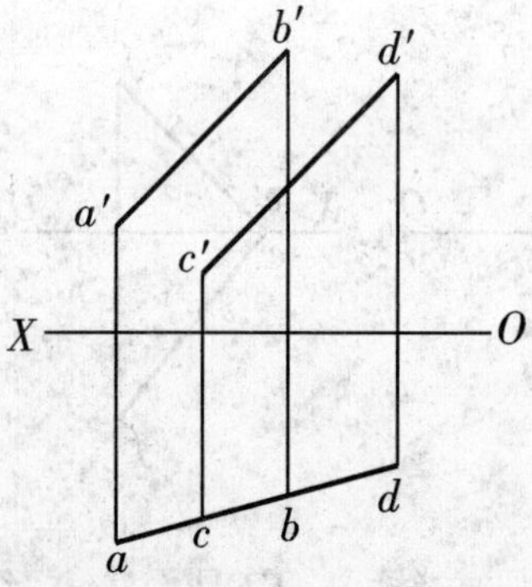

*AB*与*CD* ________

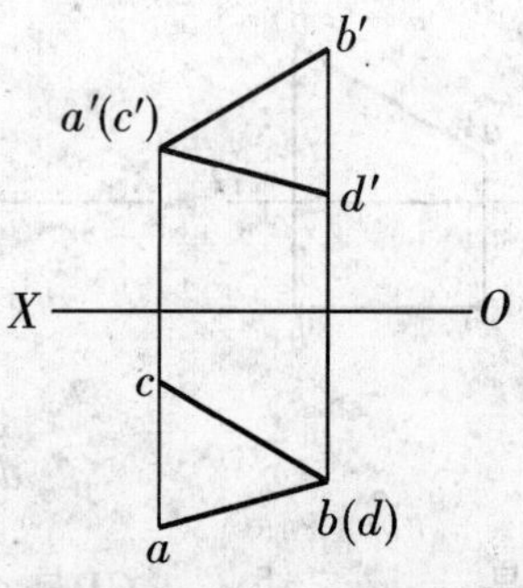

*AB*与*CD* ________

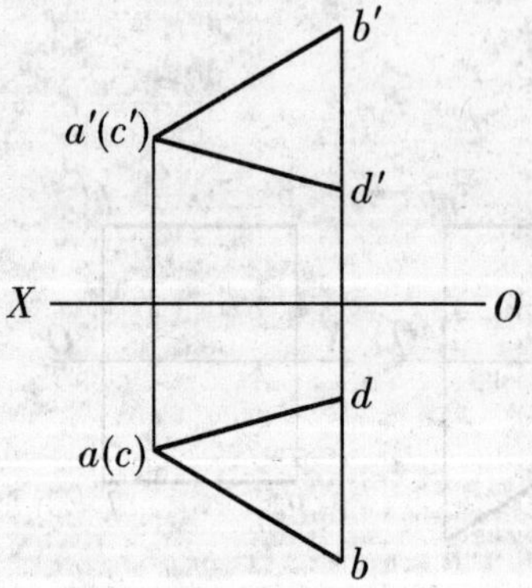

*AB*与*CD* ________

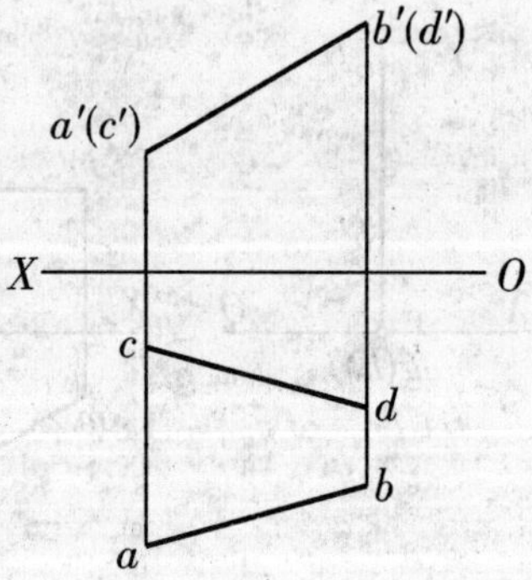

*AB*与*CD* ________

班级		姓名		学号		页次	14

2–6　根据平面的两面投影，求作第三面投影，并判断平面的空间位置

1.

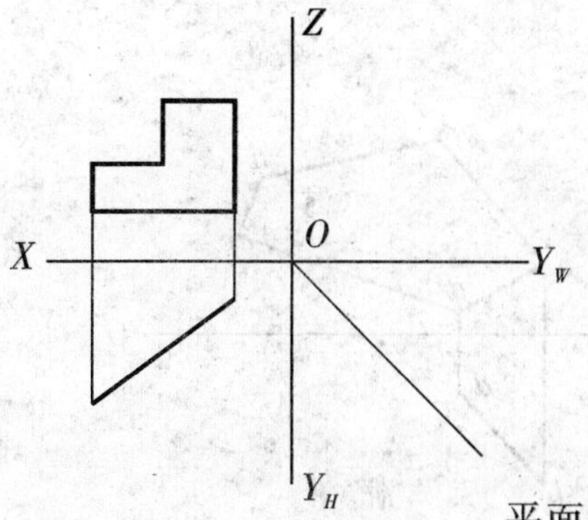

平面为________面

2.

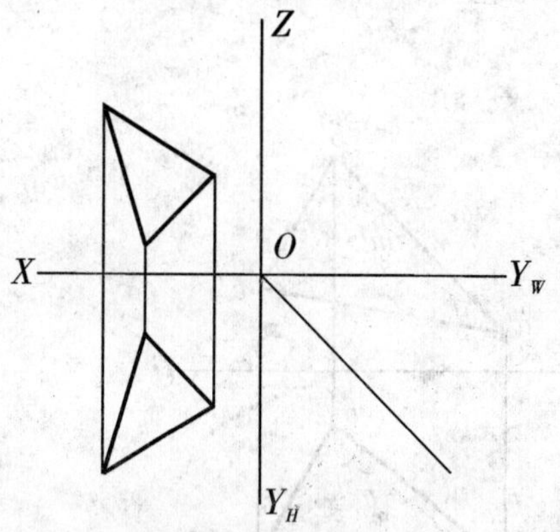

平面为________面

3.

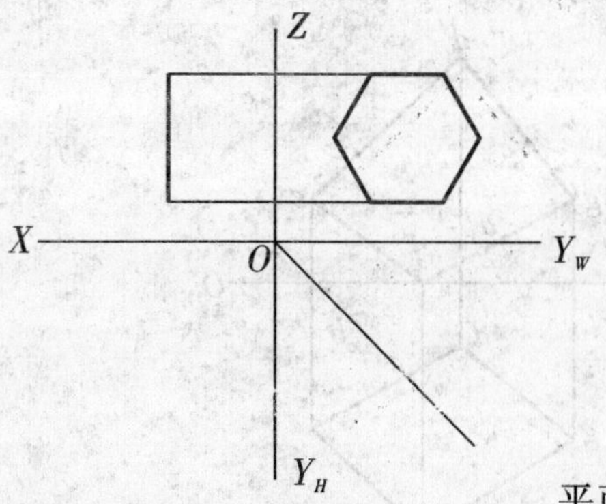

平面为________面

4.

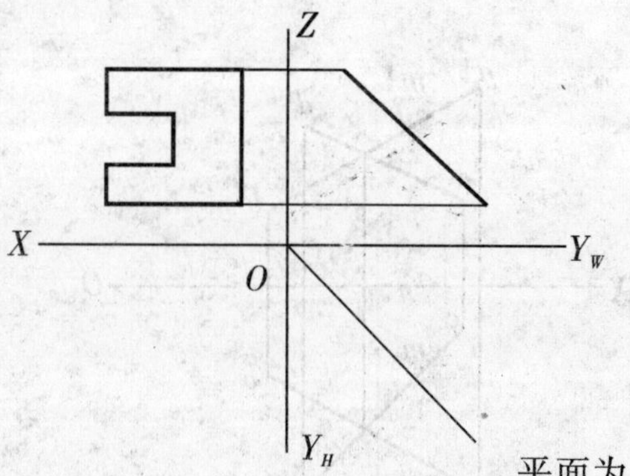

平面为________面

班级		姓名		学号		页次	15

2-7 平面的投影

1. 判断点M是否在已知平面上。

(1)

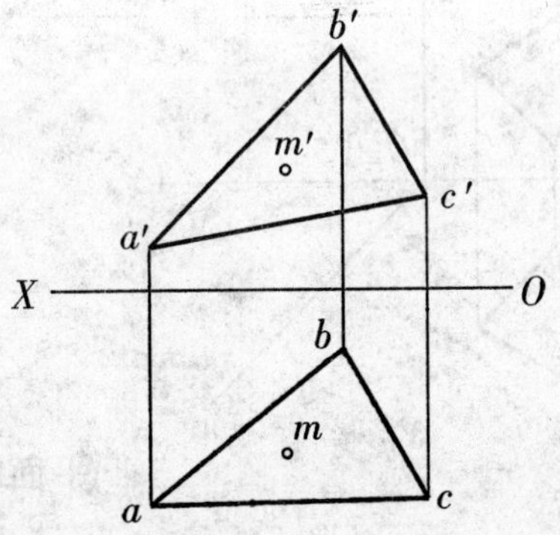

(2)

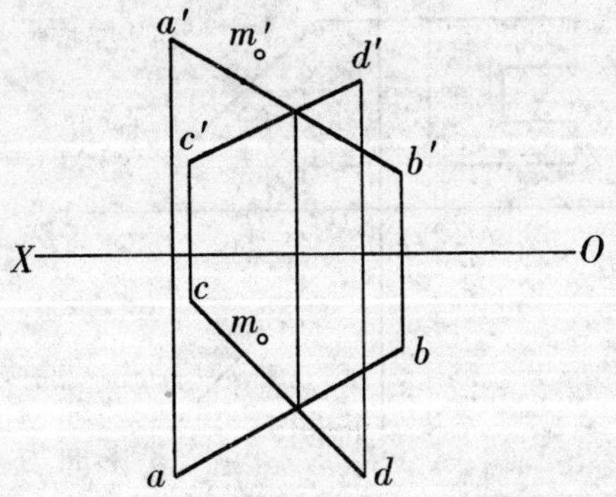

2. 已知五边形$ABCDE$的对角线BE是正平线，试完成该五边形的水平投影。

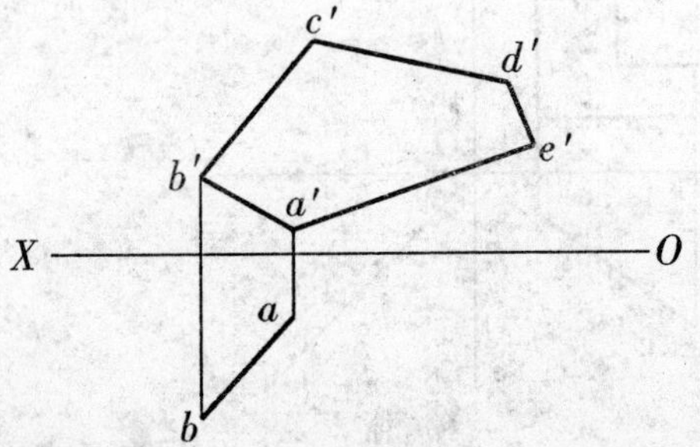

3. 完成$DEFG$平面上三角形ABC的投影。

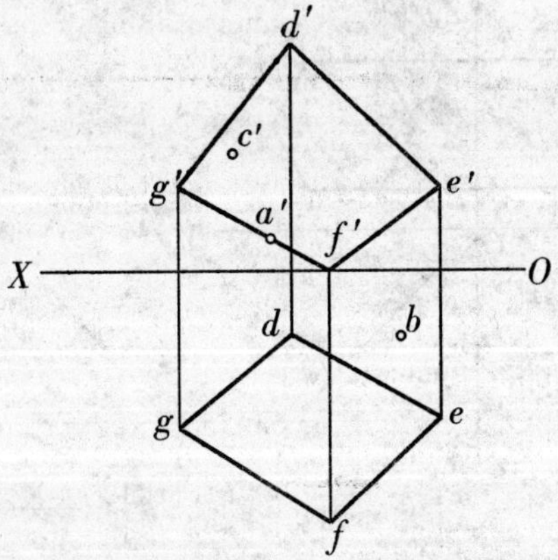

班级		姓名		学号		页次	16

2-8　完成立体图上所指平面在三视图中的投影，并填空说明它们相对投影面的位置

1.

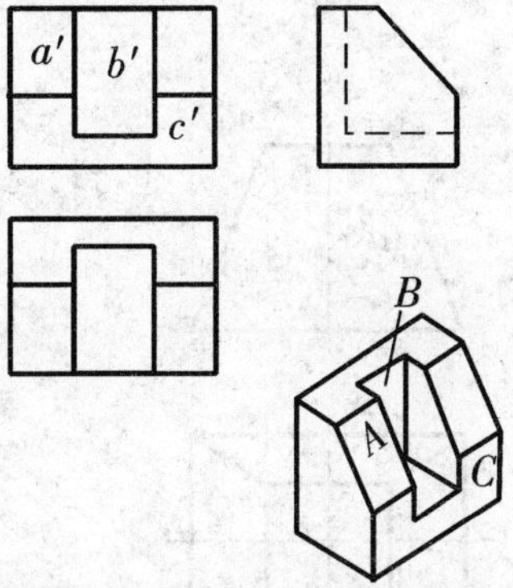

*A*面是 ________

*B*面是 ________

*C*面是 ________

2.

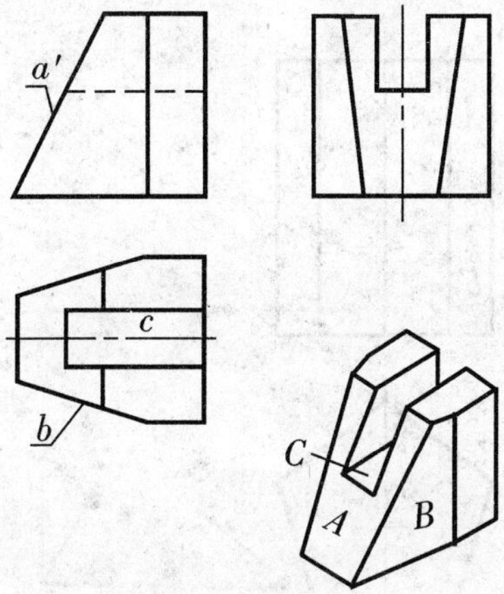

*A*面 ________

*B*面 ________

*C*面 ________

3.

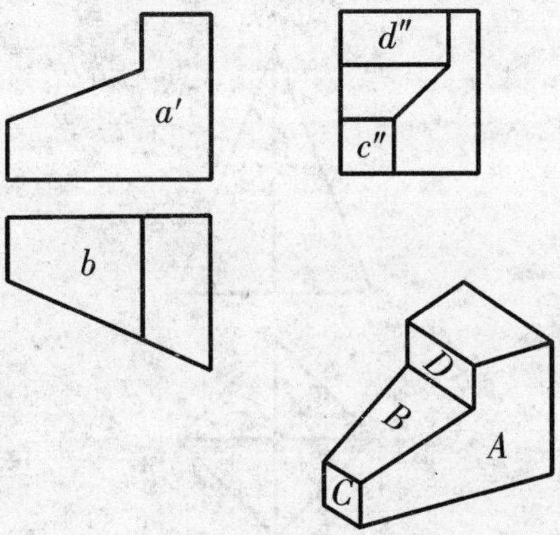

*A*面是 ________

*B*面是 ________

*C*面是 ________

*D*面是 ________

4.

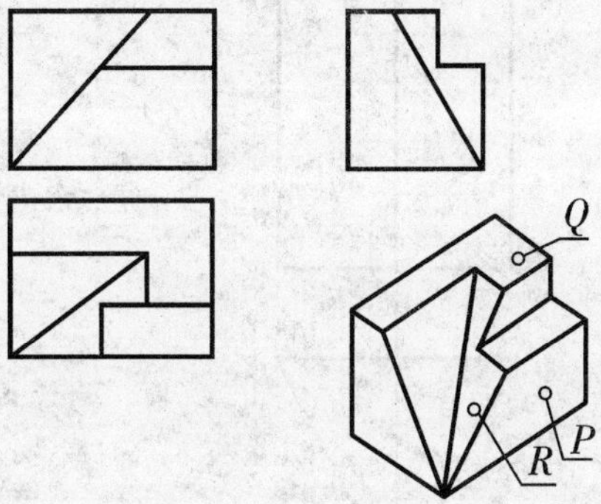

*P*为________面

*Q*为________面

*R*为________面

班级		姓名		学号		页次	

2–9 补画左视图，并求作立体表面上各点的另外两面投影图

1.

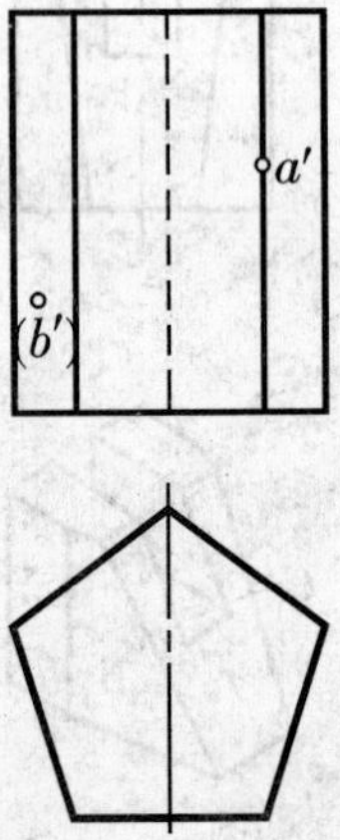

2.

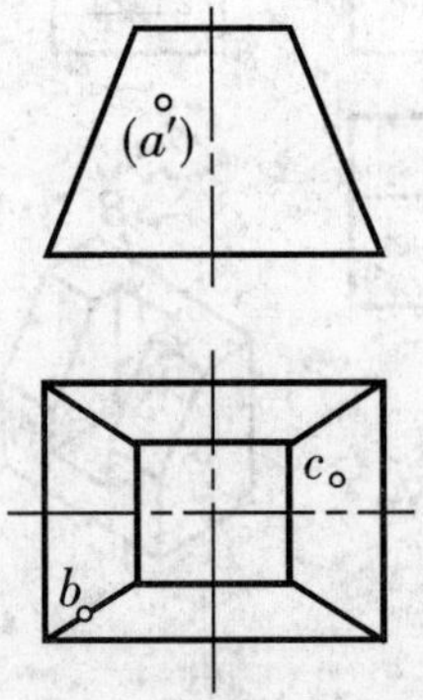

3.

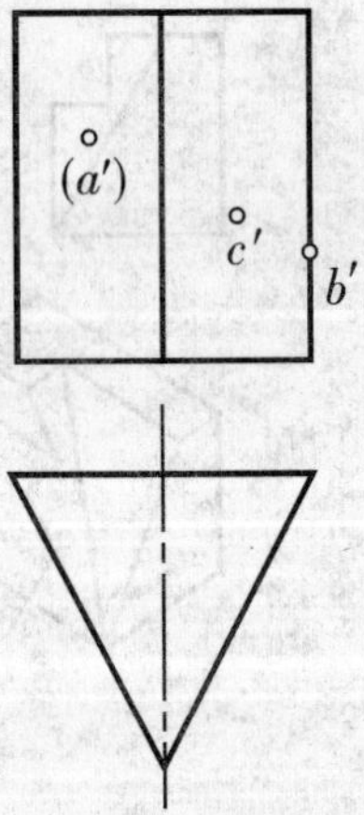

4.

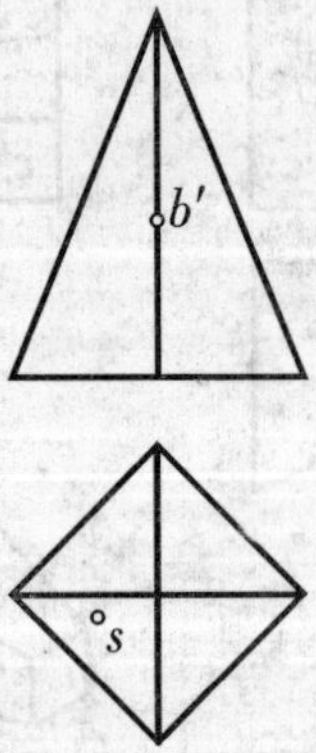

班级		姓名		学号		页次	18

2-10 回转体的投影

1.求作圆柱体表面上点的投影。

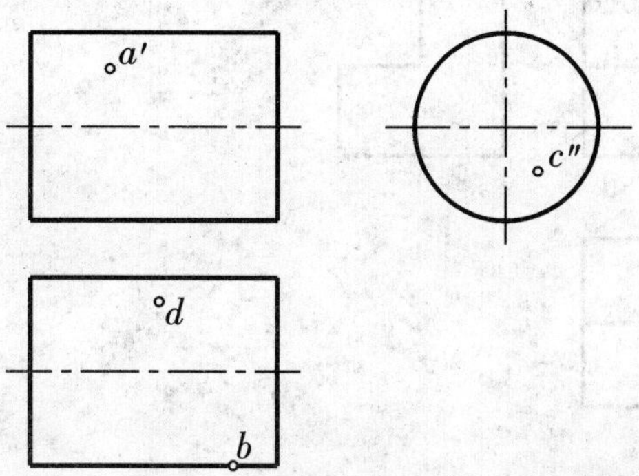

2.求作圆锥体表面上点的投影。

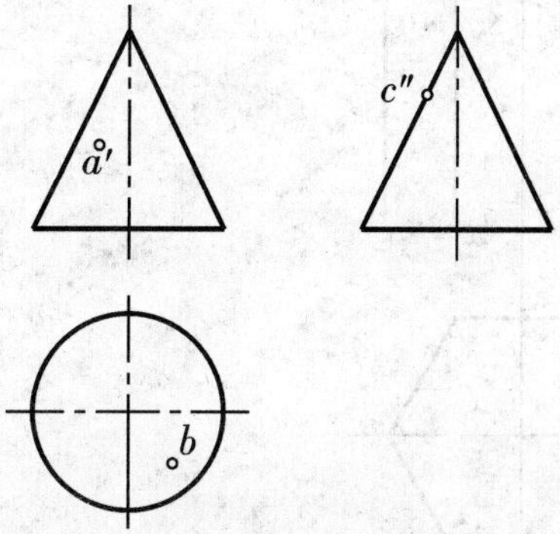

3.求作球体表面上点的投影。

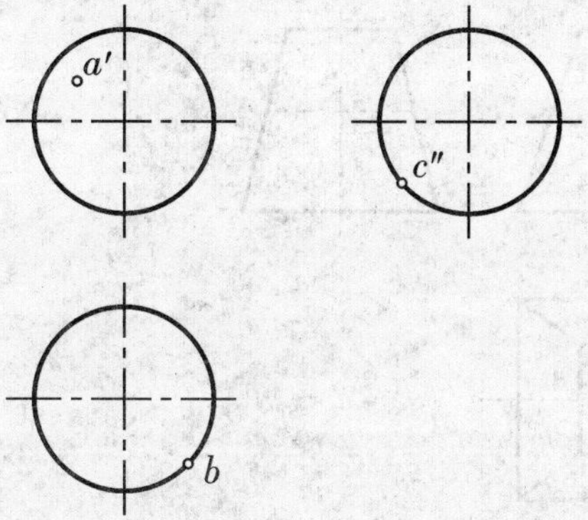

4.补画左视图并求作表面上点的投影。

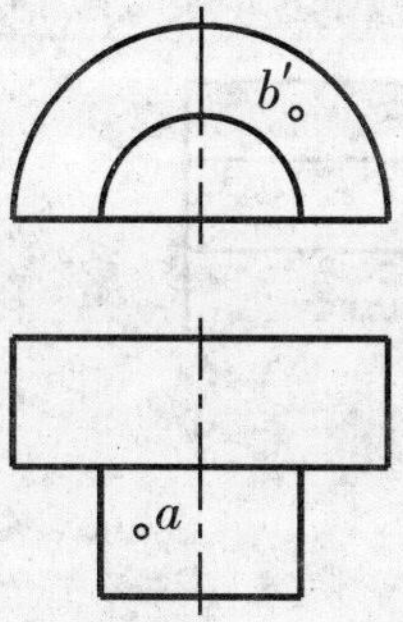

班级		姓名		学号		页次	19

第三章　轴测图

3-1　根据视图，绘制正等轴测图

1.

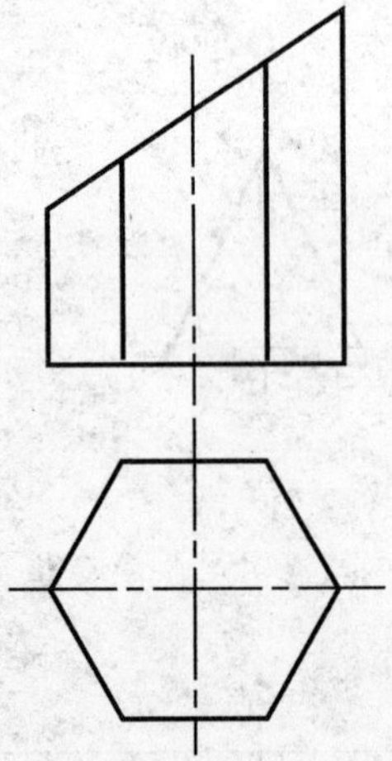

2.

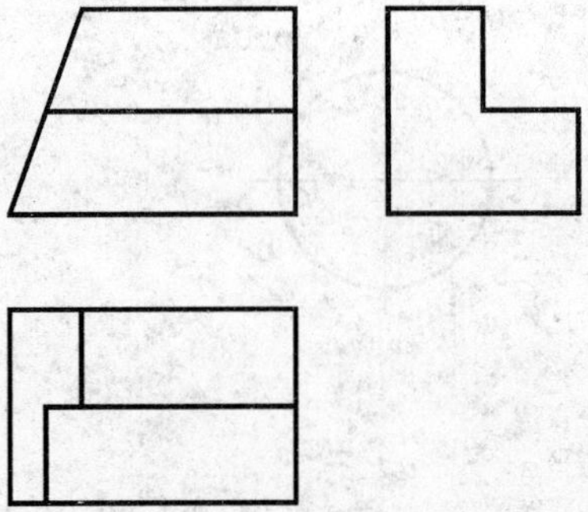

3.

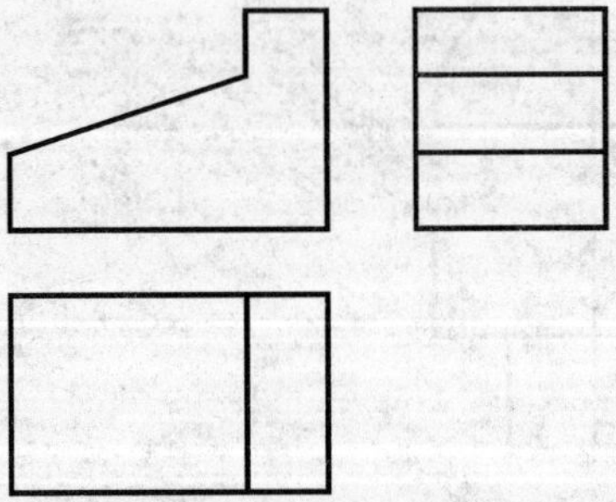

4.

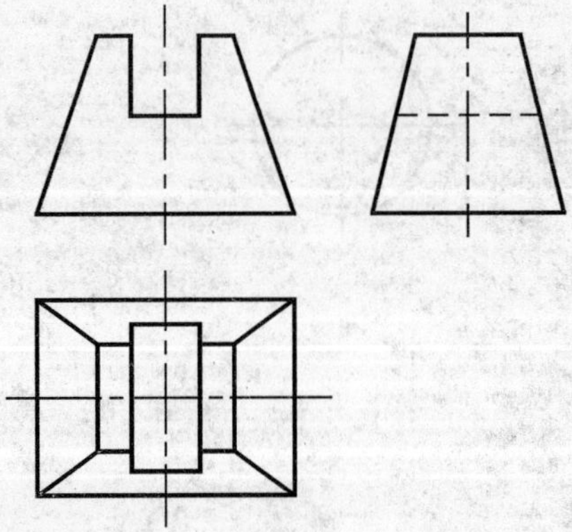

班级		姓名		学号		页次	20

3-2　根据视图，绘制正等轴测图

1.

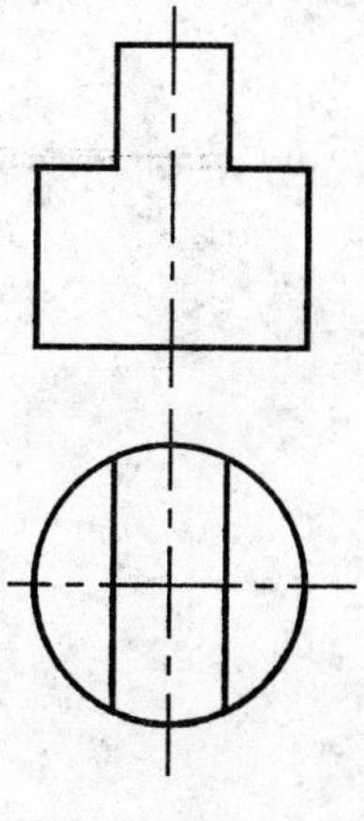

2.

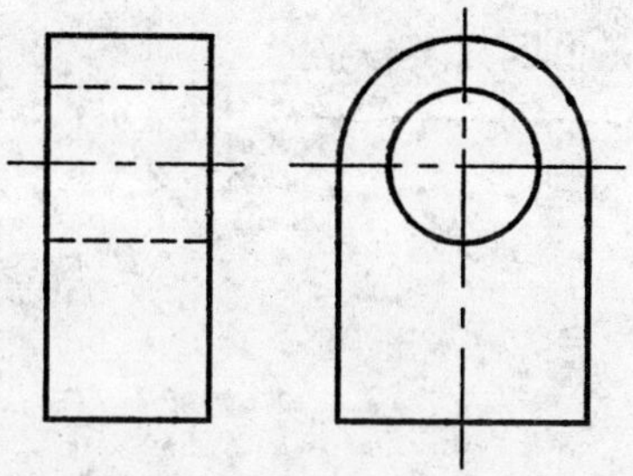

3.

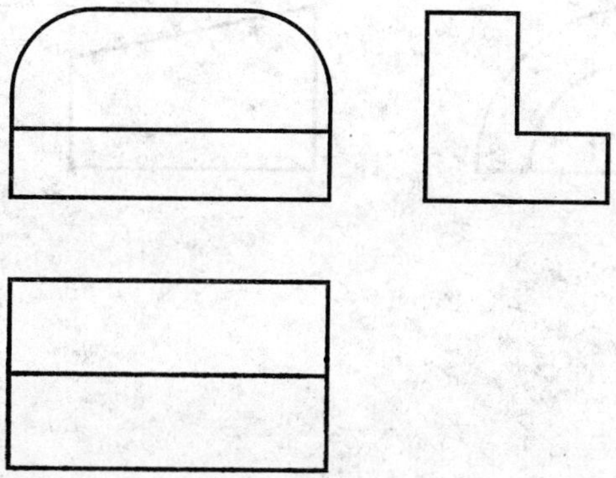

班级		姓名		学号		页次	21

3-3　根据视图，绘制斜二等轴测图

1.

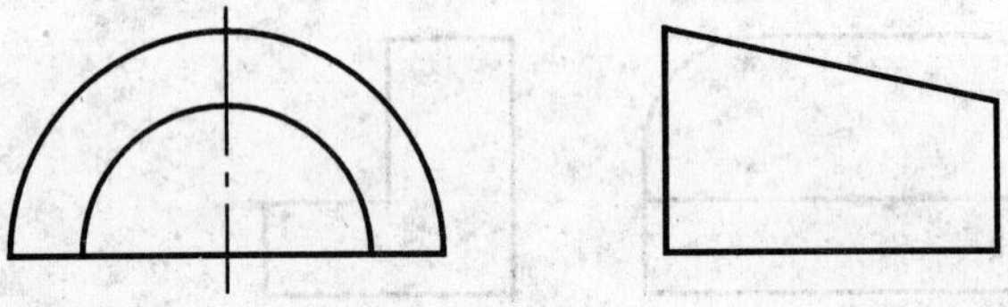

2.

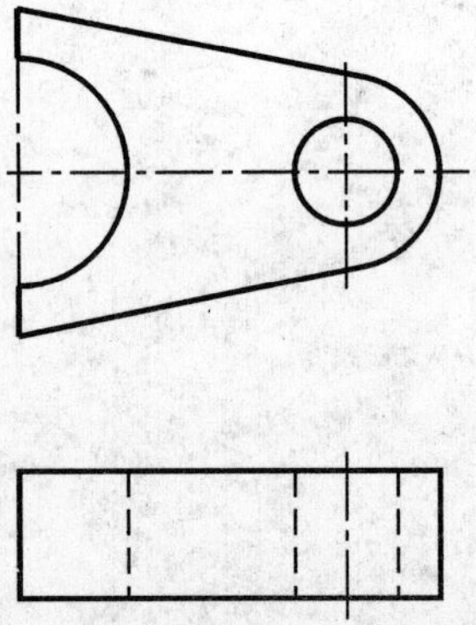

3.

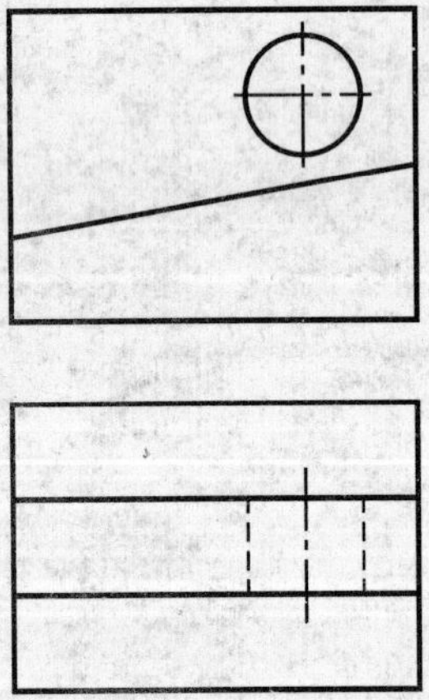

4.

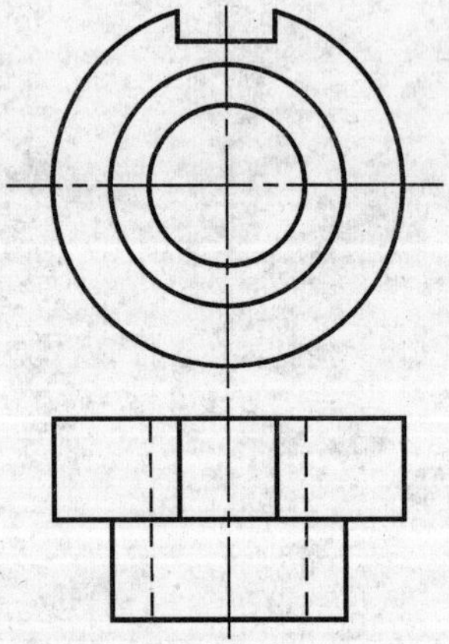

班级		姓名		学号		页次	22

第四章　立体的表面交线

4-1　分析截交线，补画第三面投影

1.

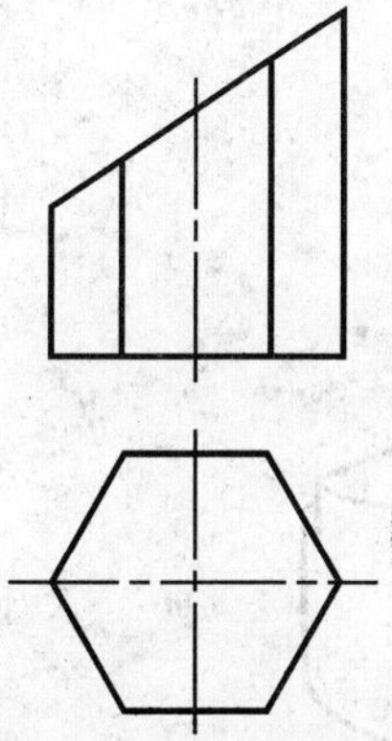

2.

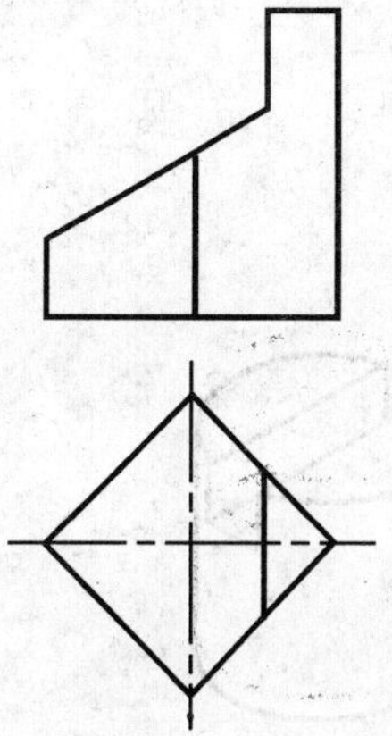

3.

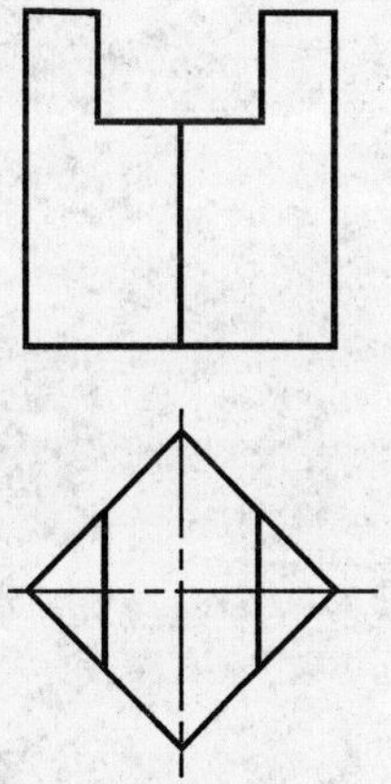

4.

班级		姓名		学号		页次	23

4–2　分析截交线，补画第三面投影

1.

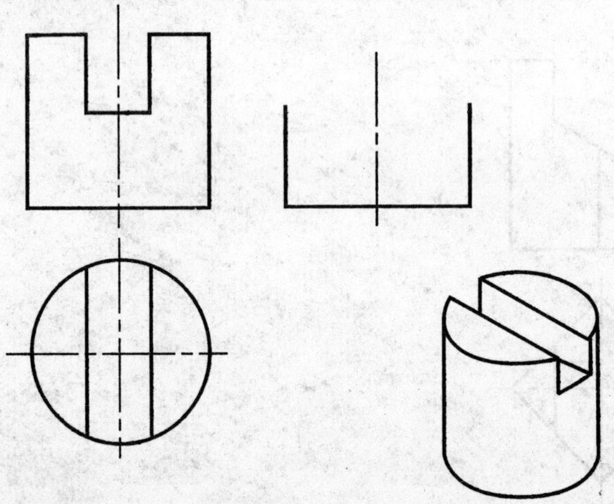

2.

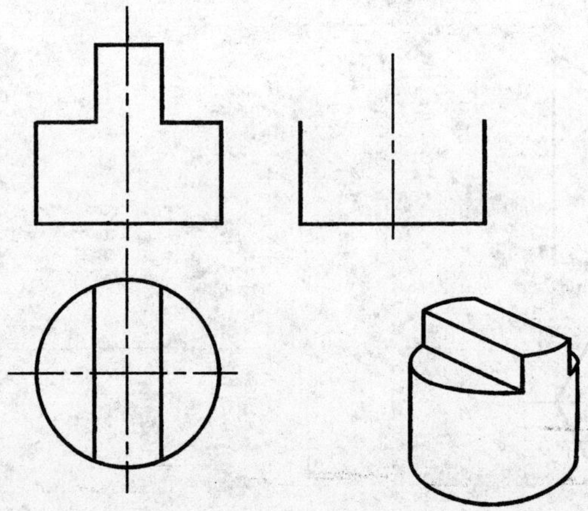

3.

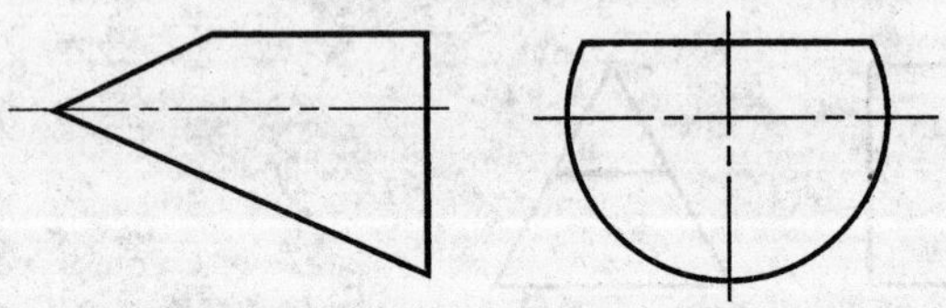

4.

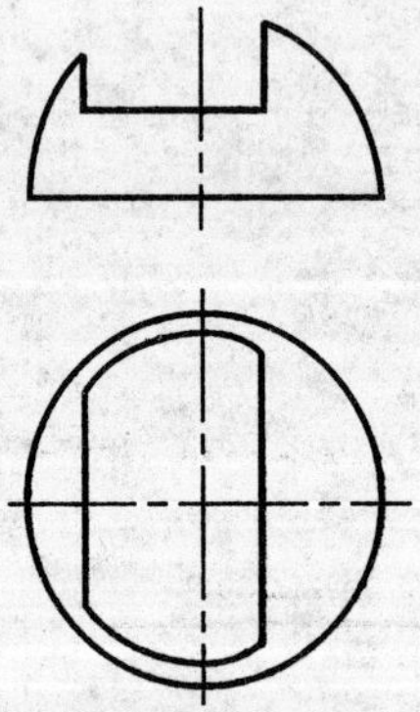

班级		姓名		学号		页次	24

4-3　分析截交线，补画第三面投影

1.

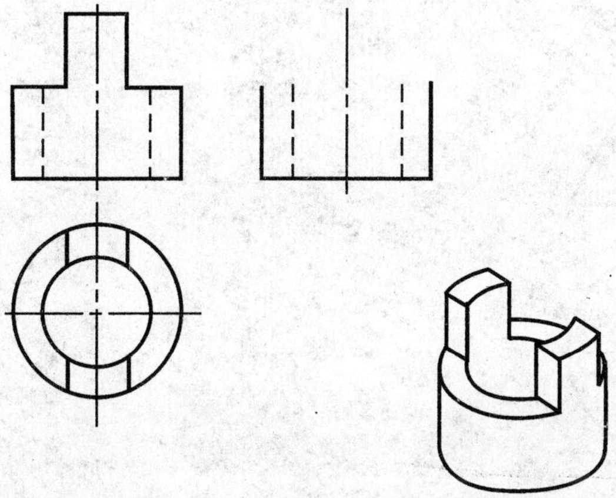

2.

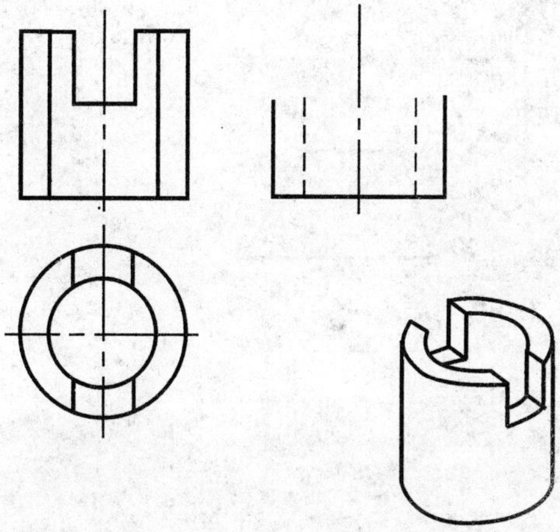

3.

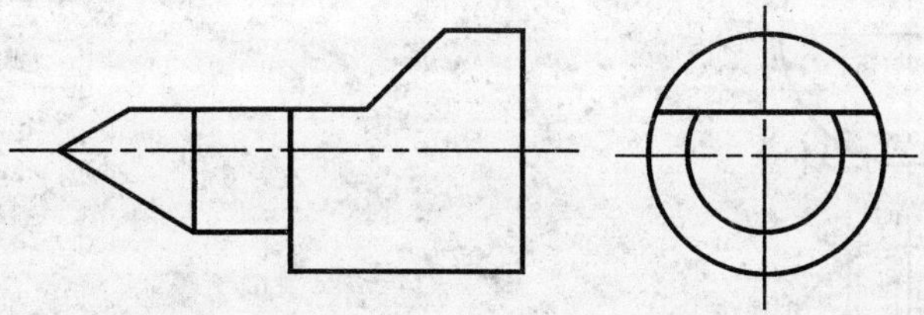

4.

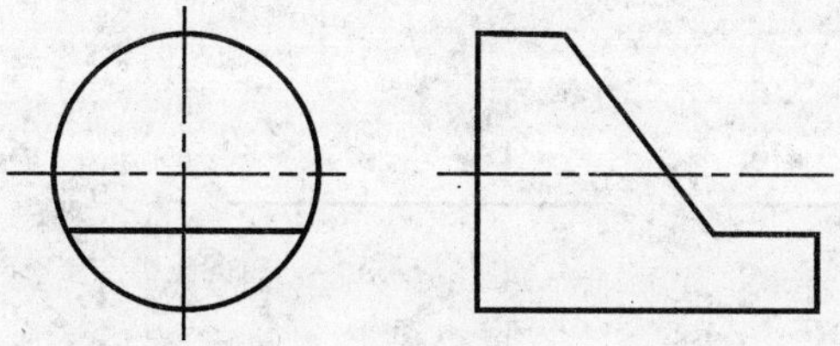

班级		姓名		学号		页次	25

4-4. 分析下列各立体的截交线，并补全立体的三面投影

1. 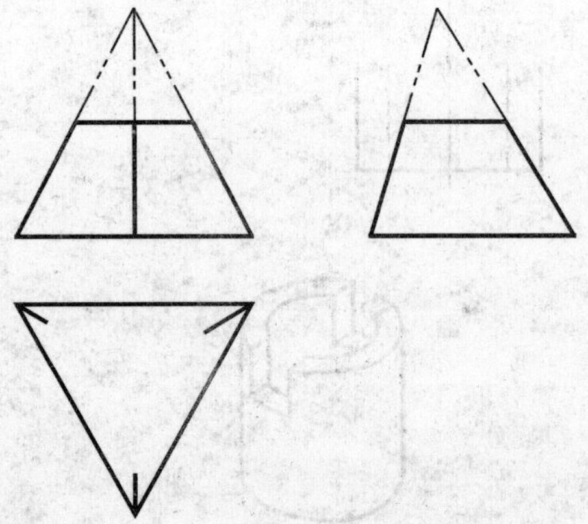	2. 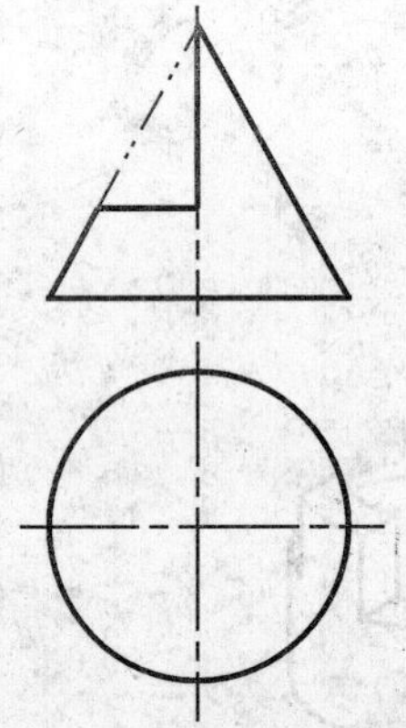
3. 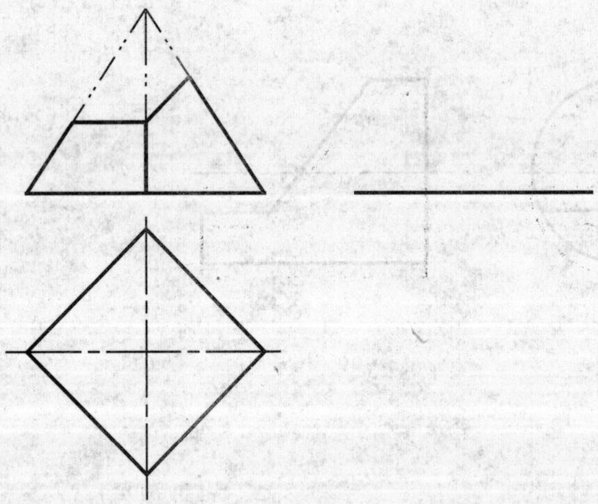	4. 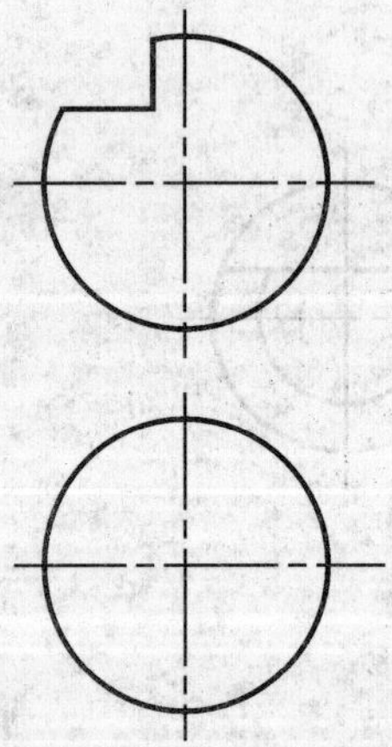

班级		姓名		学号		页次	26

4–5　画出相贯线的投影，并完成三视图

1.

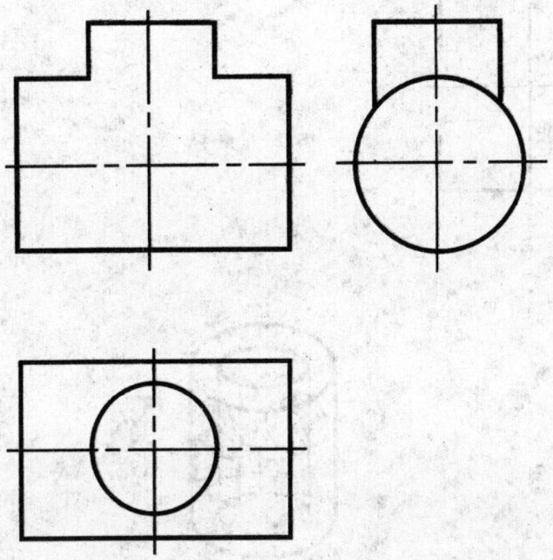

2.

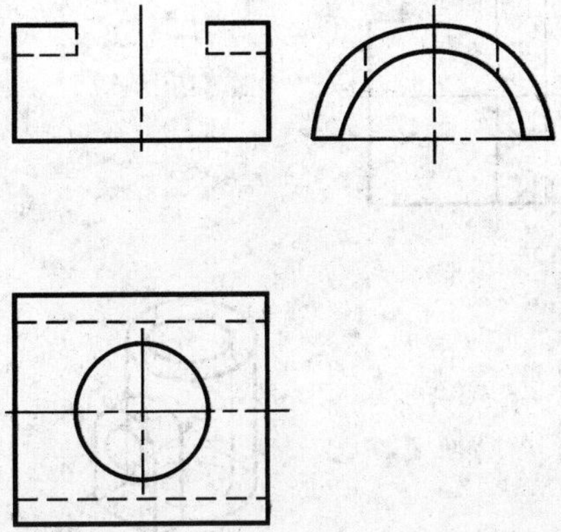

3.

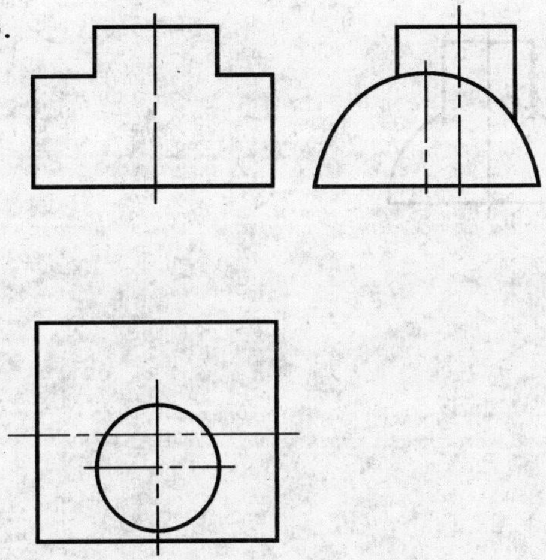

4.

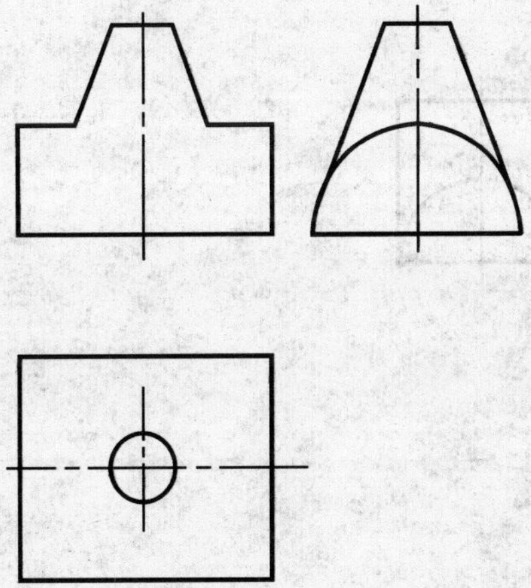

班级		姓名		学号		页次	27

4-6 画出相贯线的投影，并完成三视图

1.

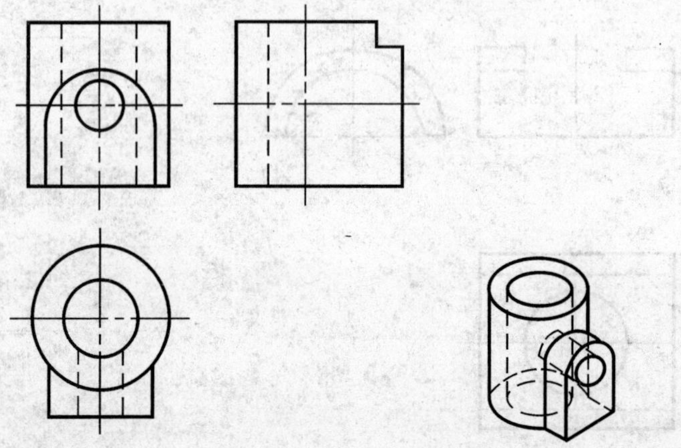

2.

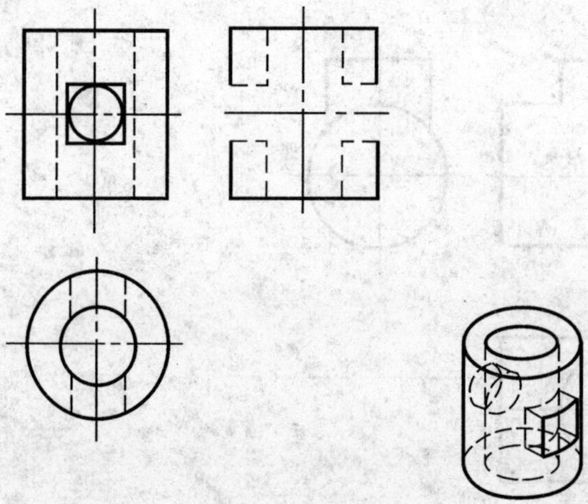

3.

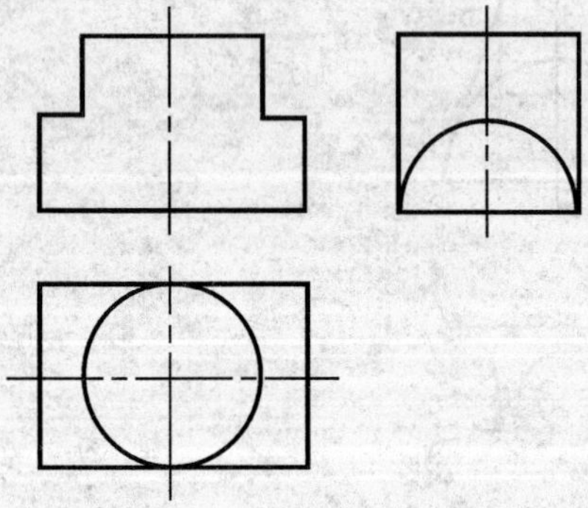

4.

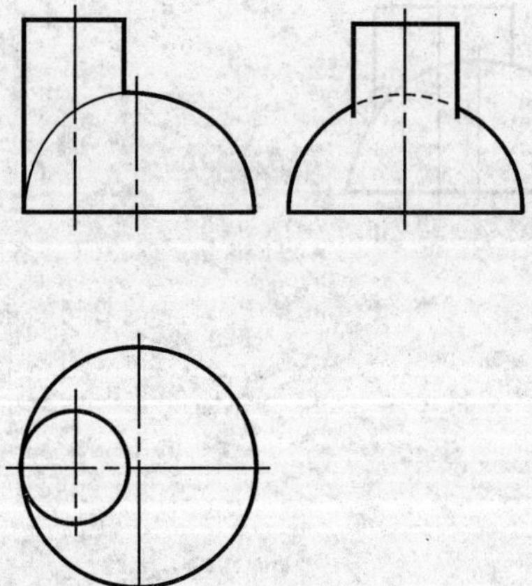

班级		姓名		学号		页次	28

第五章　组合体

5-1　补画视图中的漏线

1.

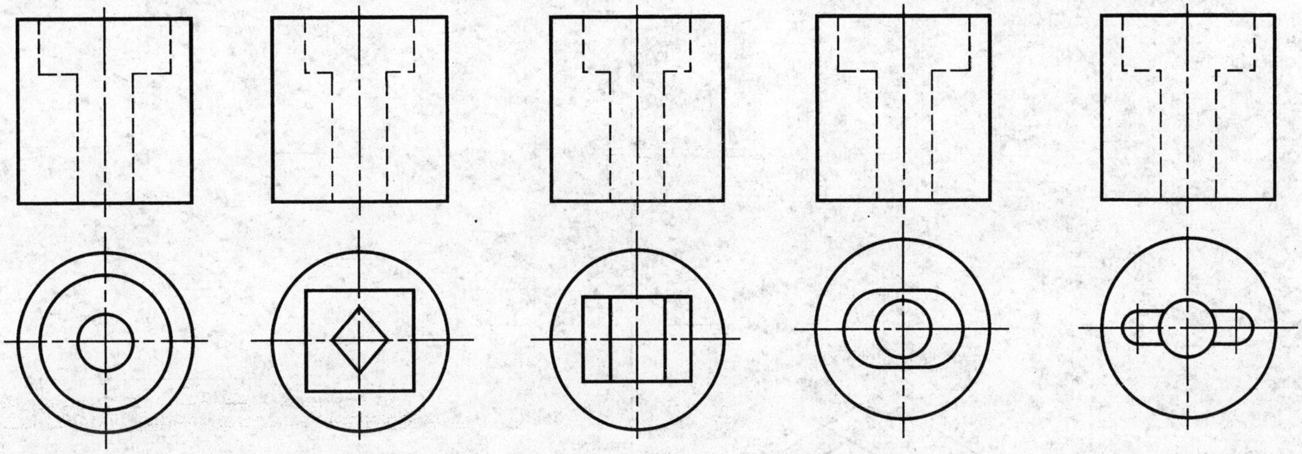

2.

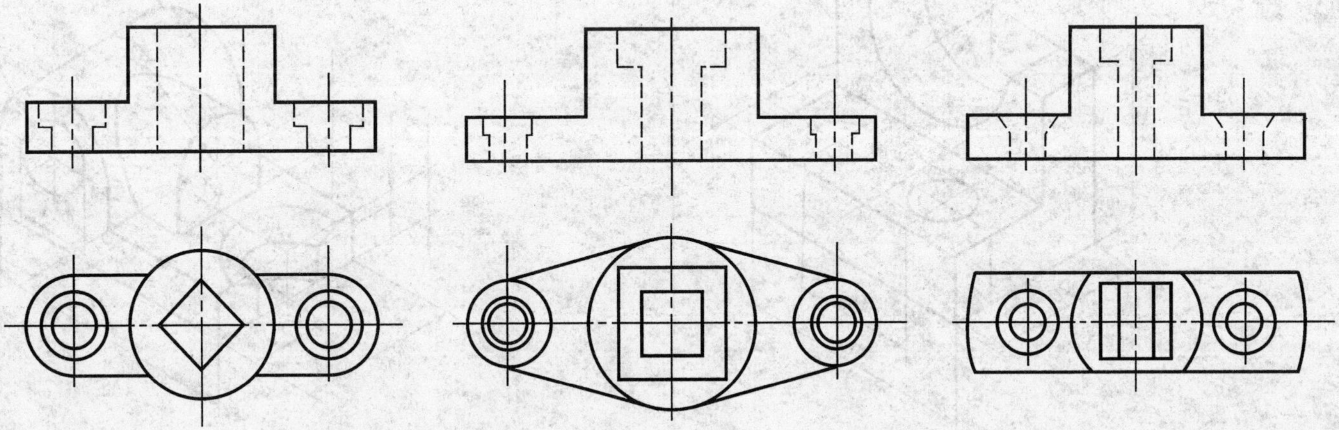

班级		姓名		学号		页次	29

5-2　根据轴测图上所标注尺寸按1:1画三视图

1.

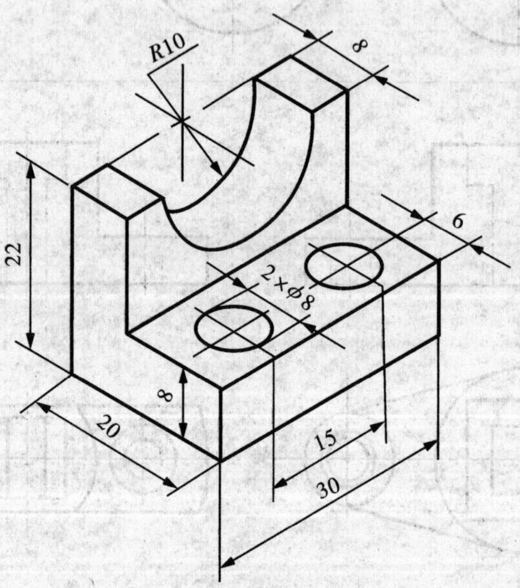

2.

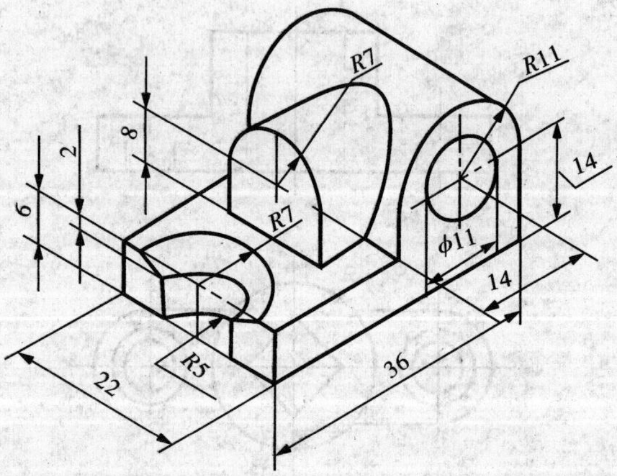

班级		姓名		学号		页次	30

5-3 根据轴测图徒手画出组合体的三视图(画在附页上)

1.

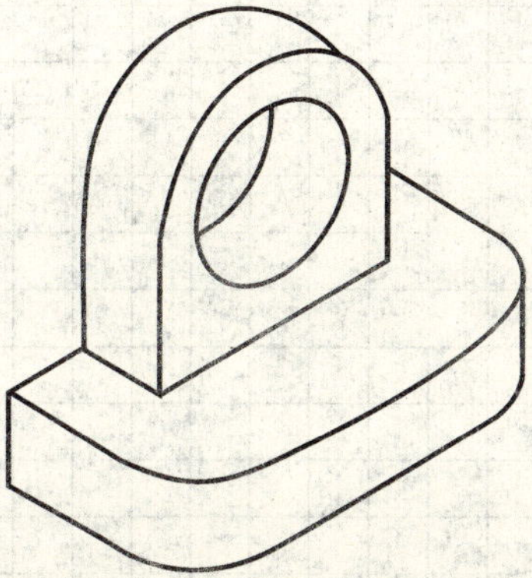

2.

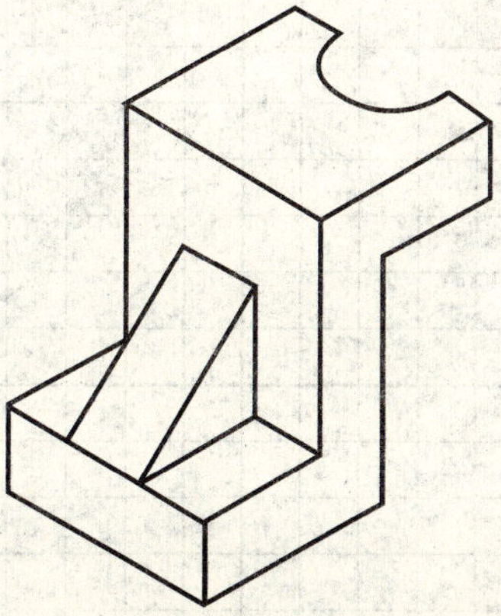

3.

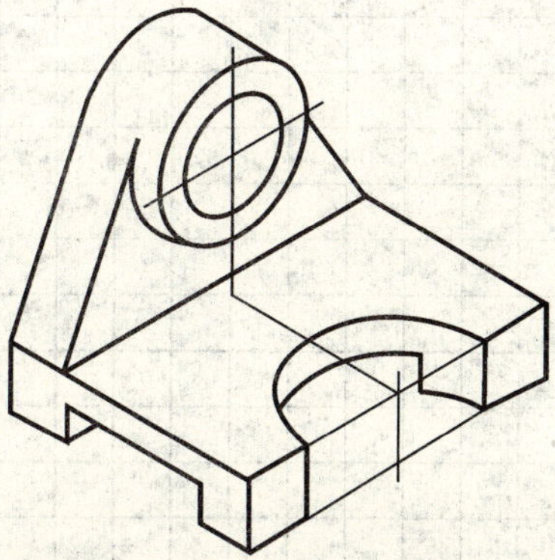

4.

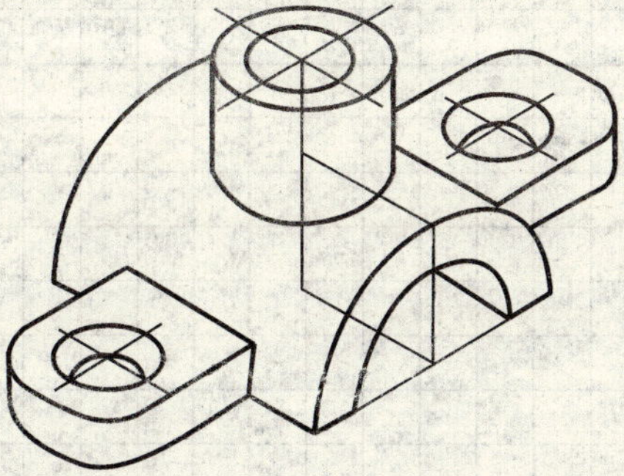

5.

6.

班级		姓名		学号		页次	31

5-3　根据轴测图徒手画出组合体的三视图(附页)

班级		姓名		学号		页次	32

5–4　标注尺寸(按1:1从图中量取，取整数)(一)

1.

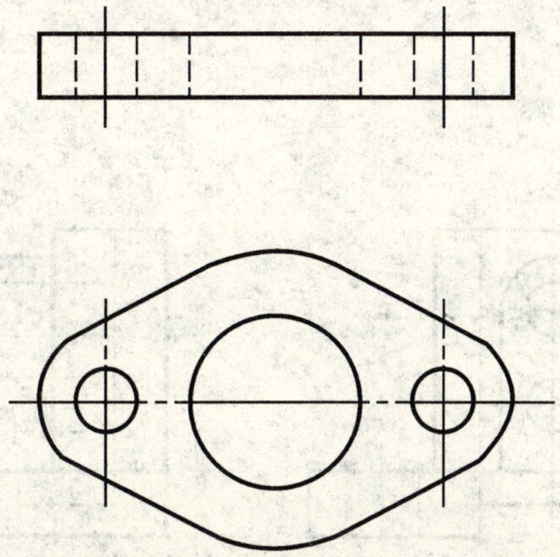

2.

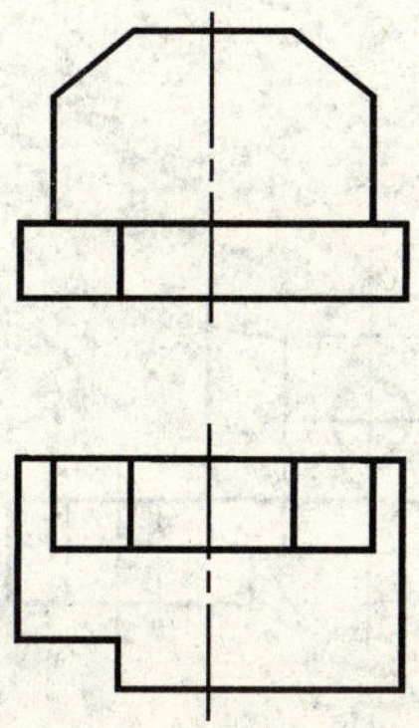

3.

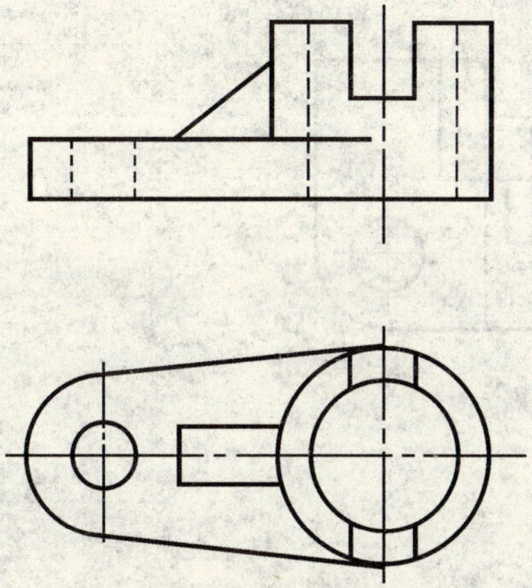

4.

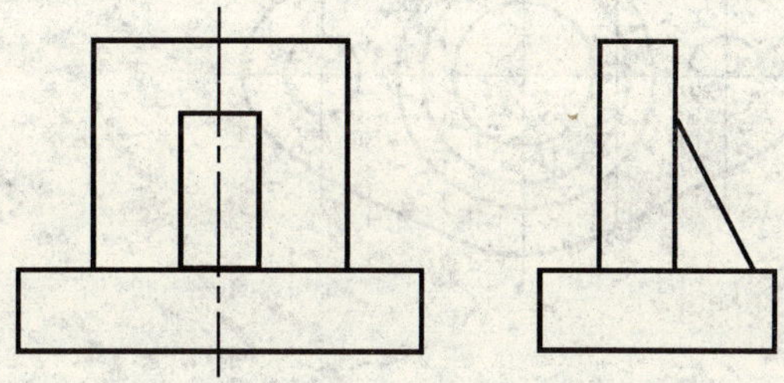

班级		姓名		学号		页次	33

5-4　标注尺寸(按1:1从图中量取，取整数)(二)

5.

6.

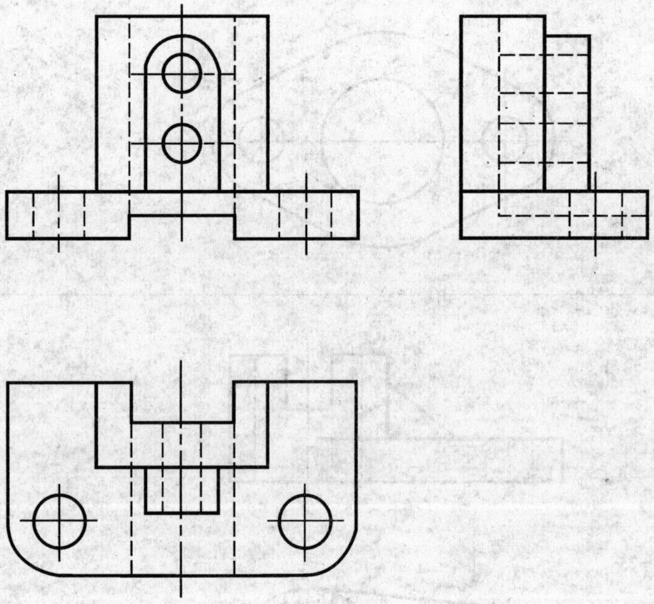

班级		姓名		学号		页次	34

5-5 根据三视图找出相应的立体图，并在其下方括号内填写它的序号

1.

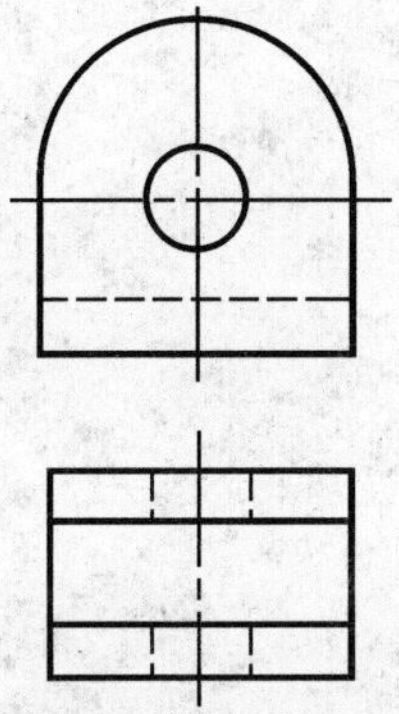

2.

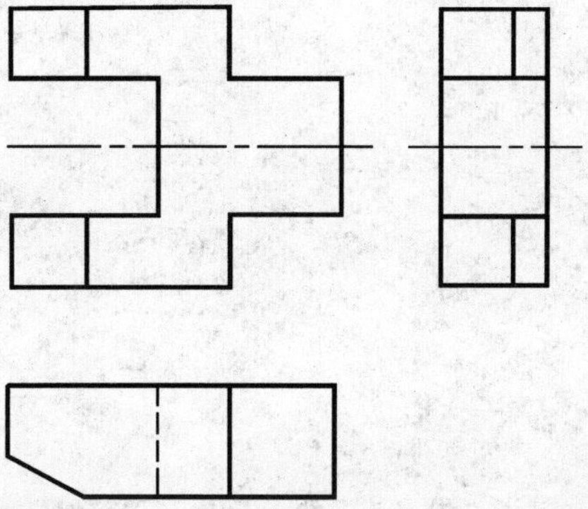

3.

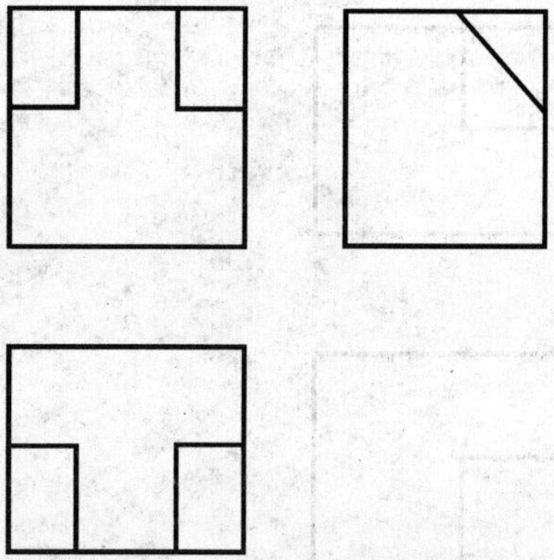

4.

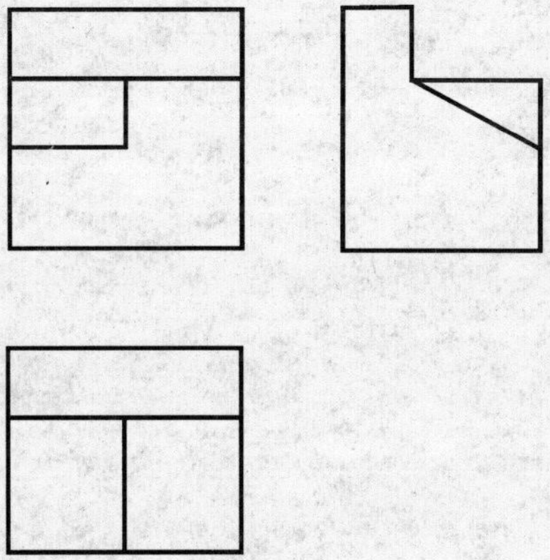

(　　)

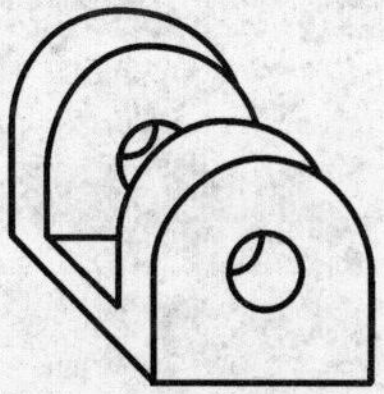
(　　)

(　　)

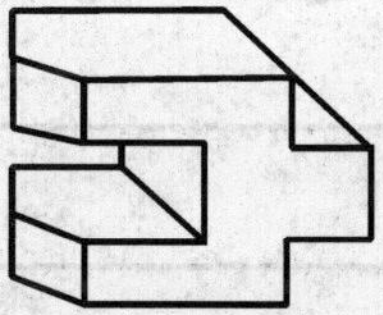
(　　)

班级		姓名		学号		页次	35

5-6 根据主、俯视图补画左视图，并想象出其形状(至少画出3种)

1.

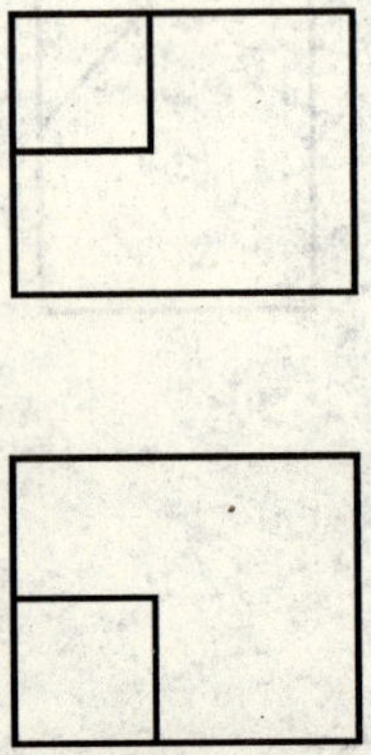

2.

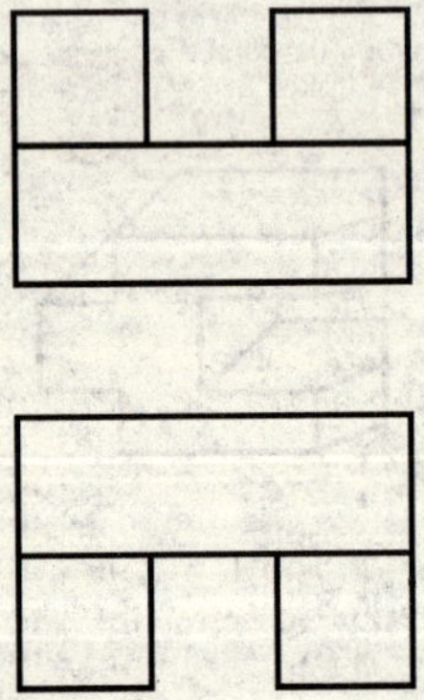

班级		姓名		学号		页次	36

5-7　根据轴测图补充视图中所缺漏的线

1.

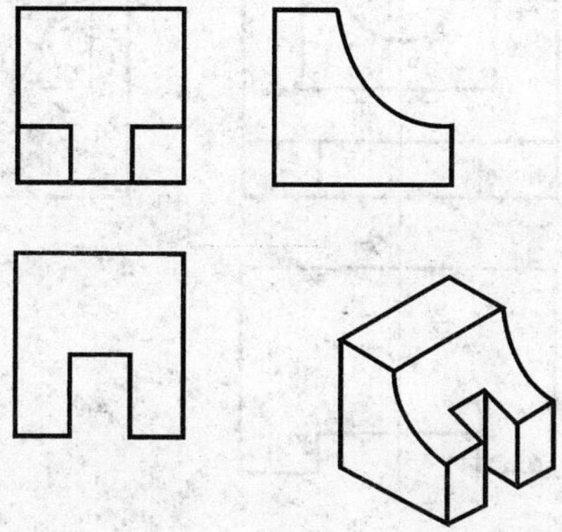

2.

3.

4.

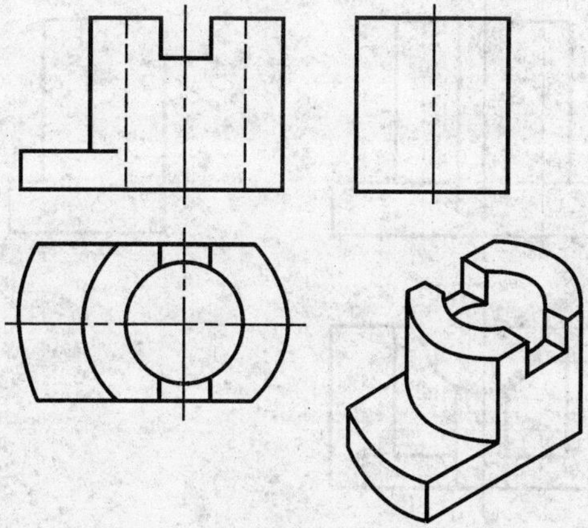

班级		姓名		学号		页次	37

5-8　补画三视图所缺漏的线

1.

2.

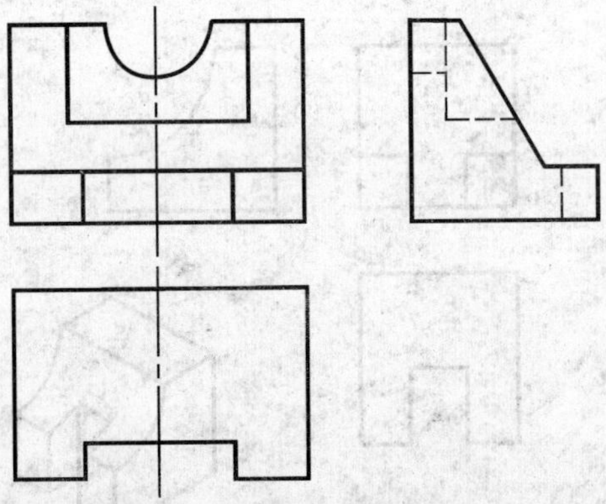

3.

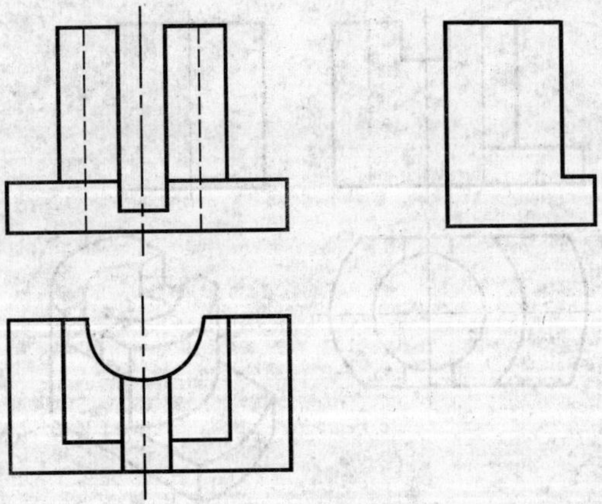

4.

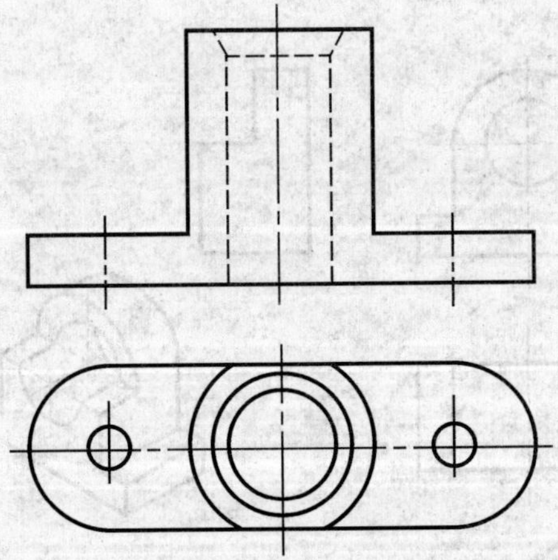

班级		姓名		学号		页次	38

5-9　根据两视图补画左视图(一)

1.

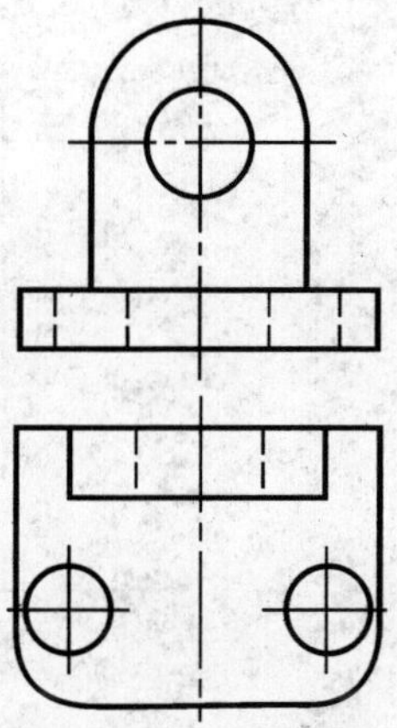

2.

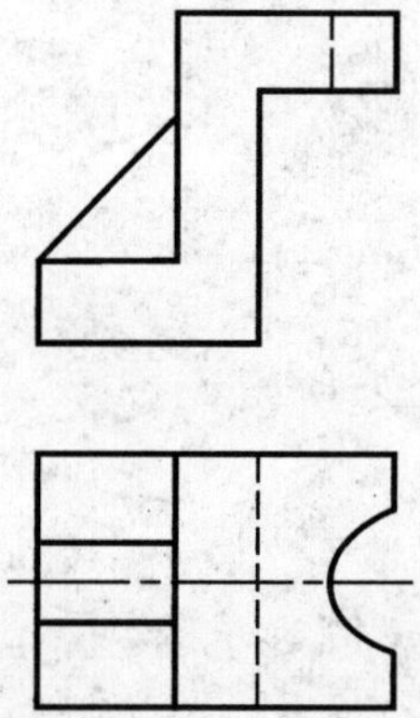

3.

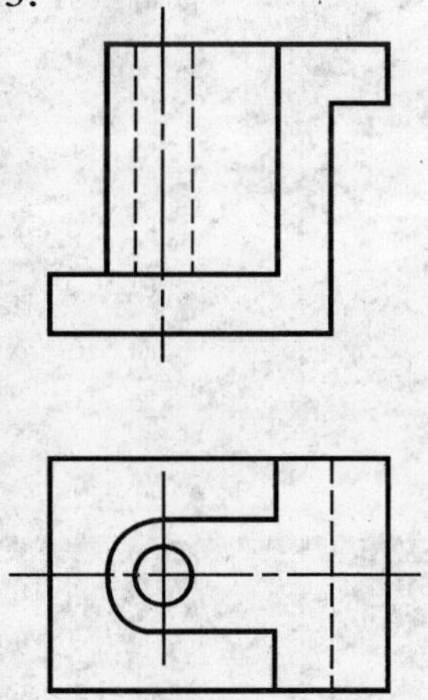

4.

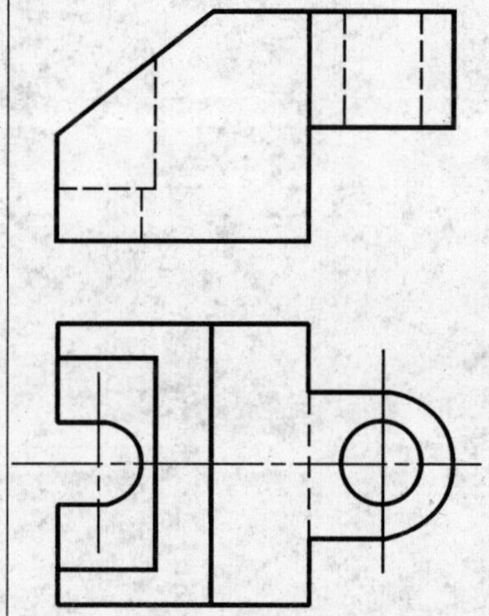

班级		姓名		学号		页次	39

5–9　根据两视图补画左视图(二)

5.

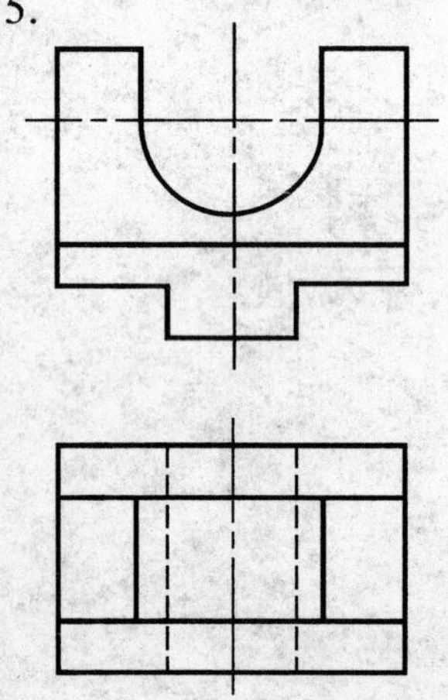

6.

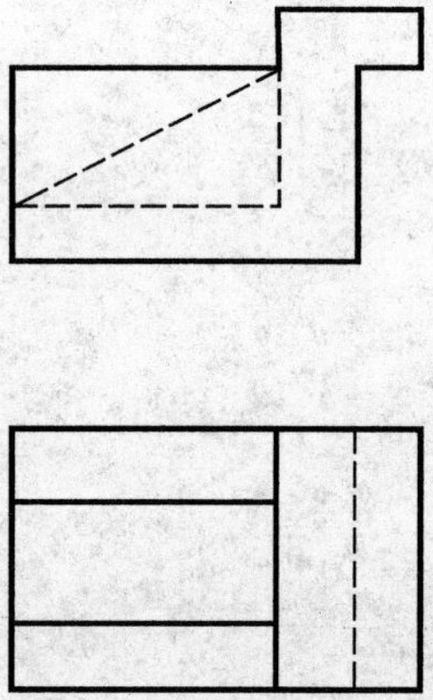

7.

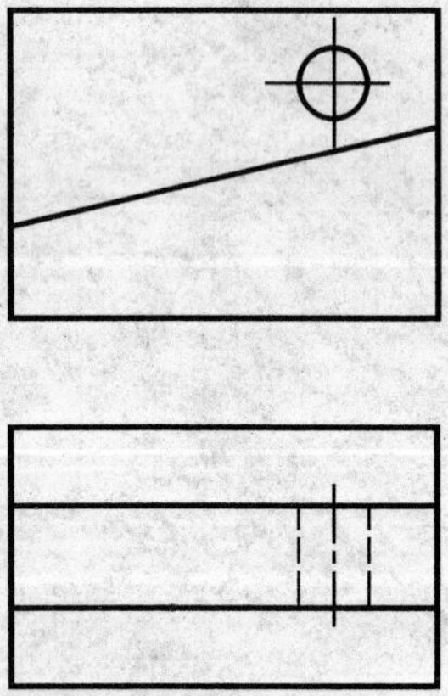

8.

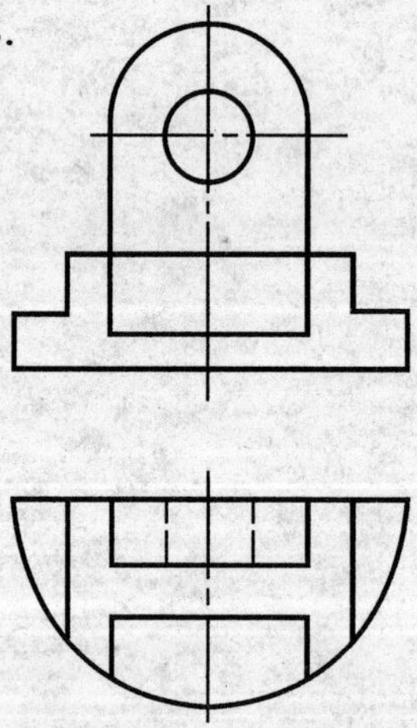

班级		姓名		学号		页次	40

5-10　根据两视图补画俯视图(一)

1.

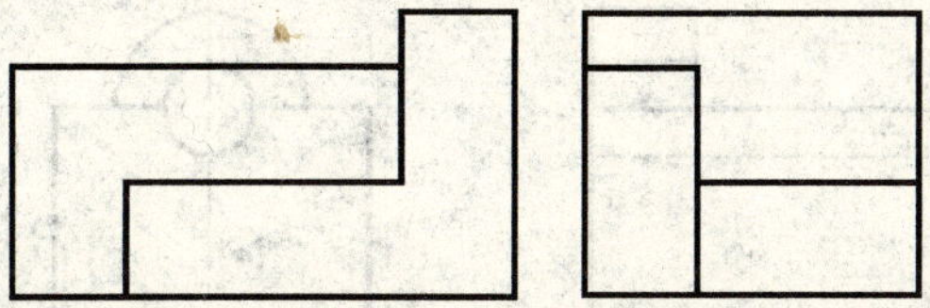

2.

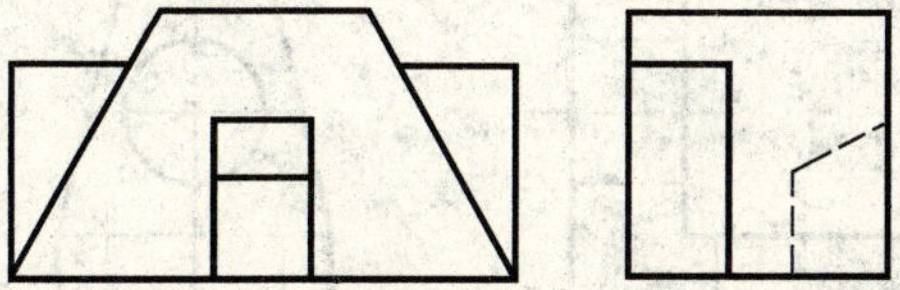

3.

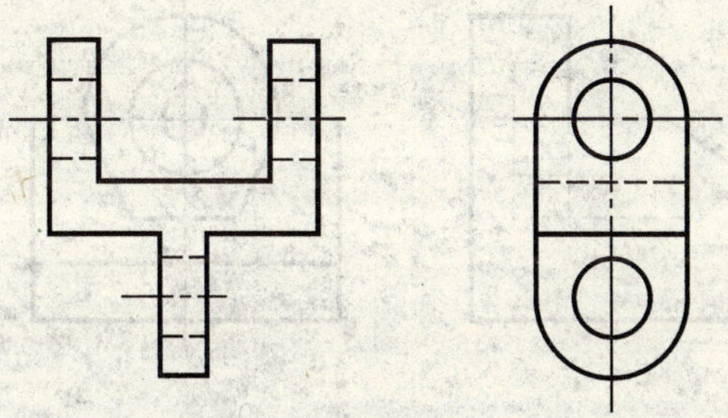

4.

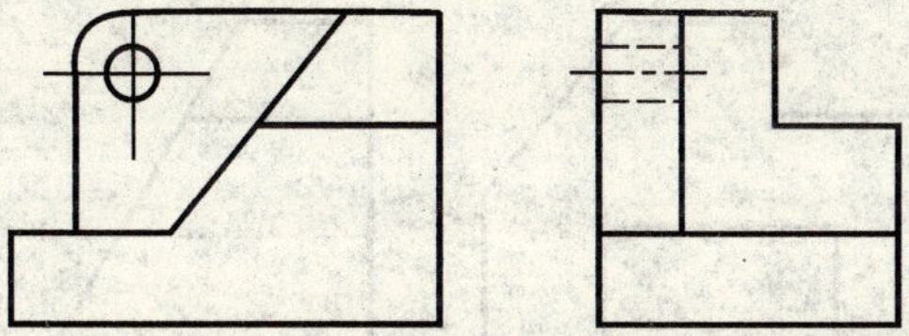

班级		姓名		学号		页次	41

5-10　根据两视图补画俯视图(二)

5.

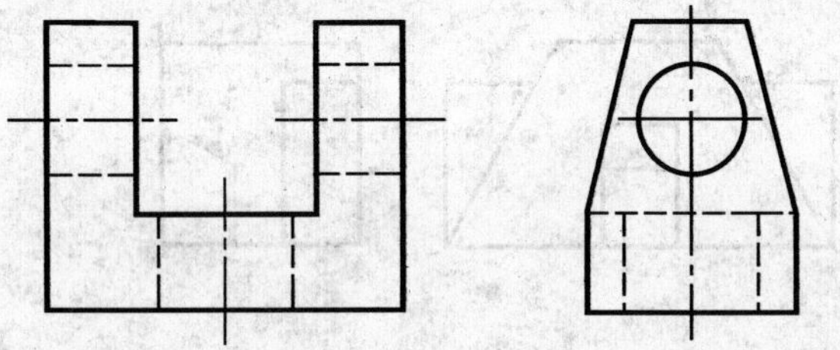

6.

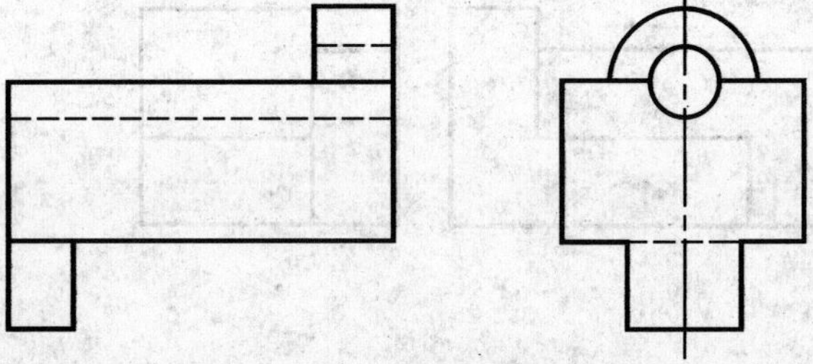

7.

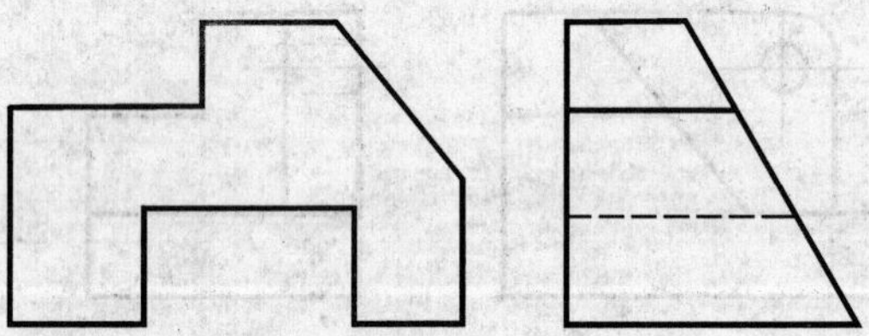

8.

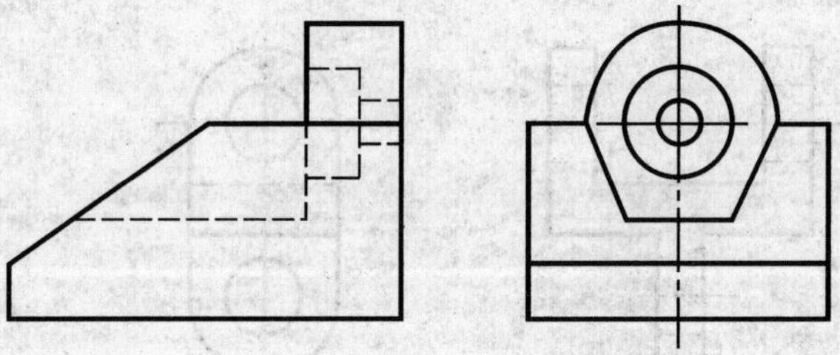

班级		姓名		学号		页次	42

5-11　根据两视图补画第三视图

1.

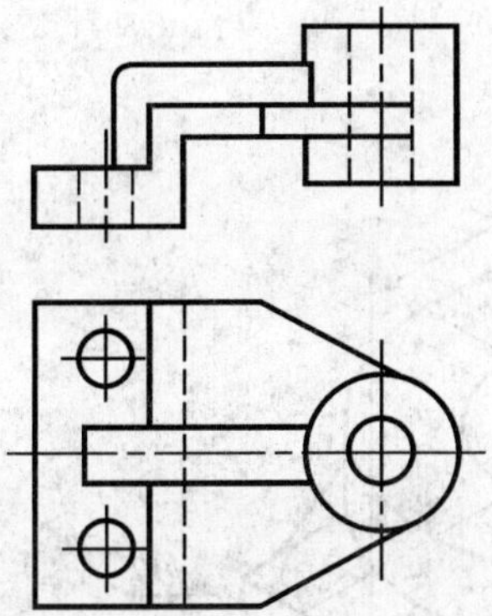

2.

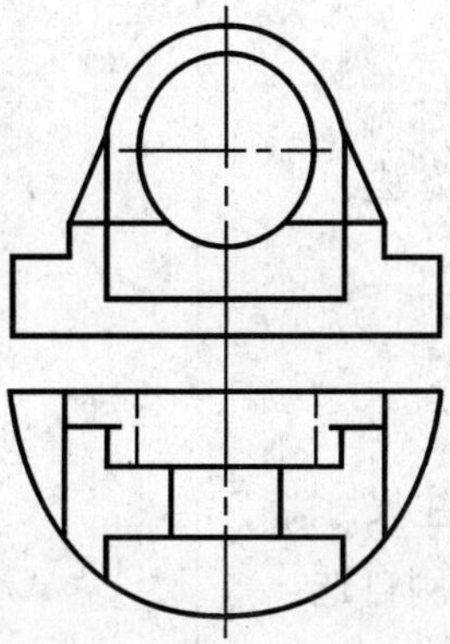

3.

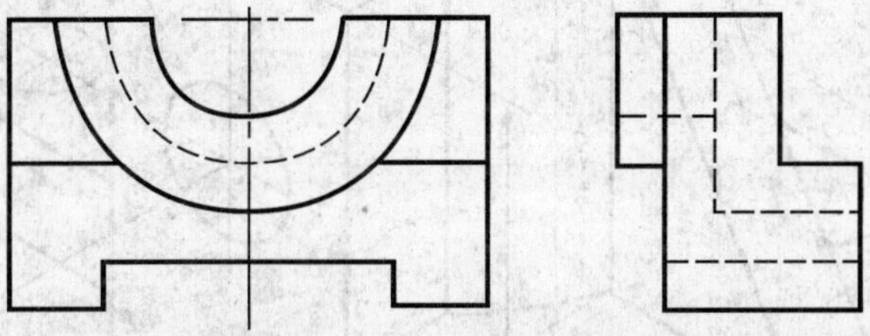

4.

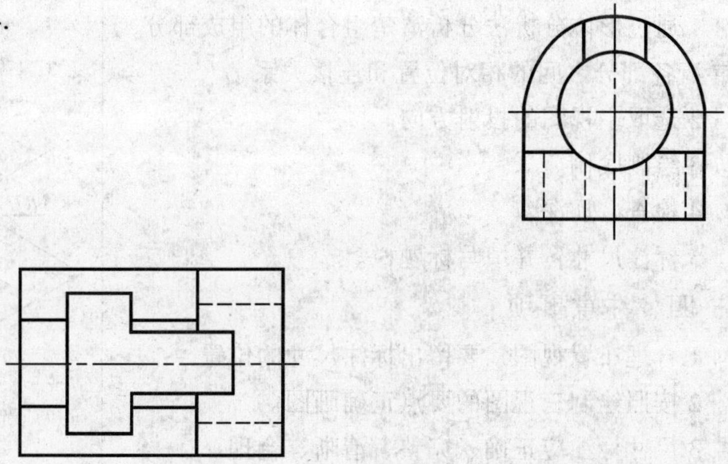

班级		姓名		学号		页次	43

5-12 大作业(一)

组合体大作业

一、目的

1.掌握根据组合体轴测图画三视图的方法，提高绘图技能。

2.熟悉组合体的尺寸标注。

二、内容和要求

1.根据组合体轴测图画三视图，并标注尺寸。

2.图名：组合体；图幅：A3图纸；比例自选。

三、步骤

1.通过形体分析法分析清楚组合体的组成部分，弄清各部分之间的相对位置和连接关系 。

2.选取主视图的投射方向。

3.绘制底稿。

4.检查、加深。

5.标注尺寸，并填写标题栏。

四、注意事项

1.合理布置视图，要留出标注尺寸的位置。

2.按照绘制三视图的要点正确画图。

3.尺寸标注应正确、完整、清晰、合理。

1.

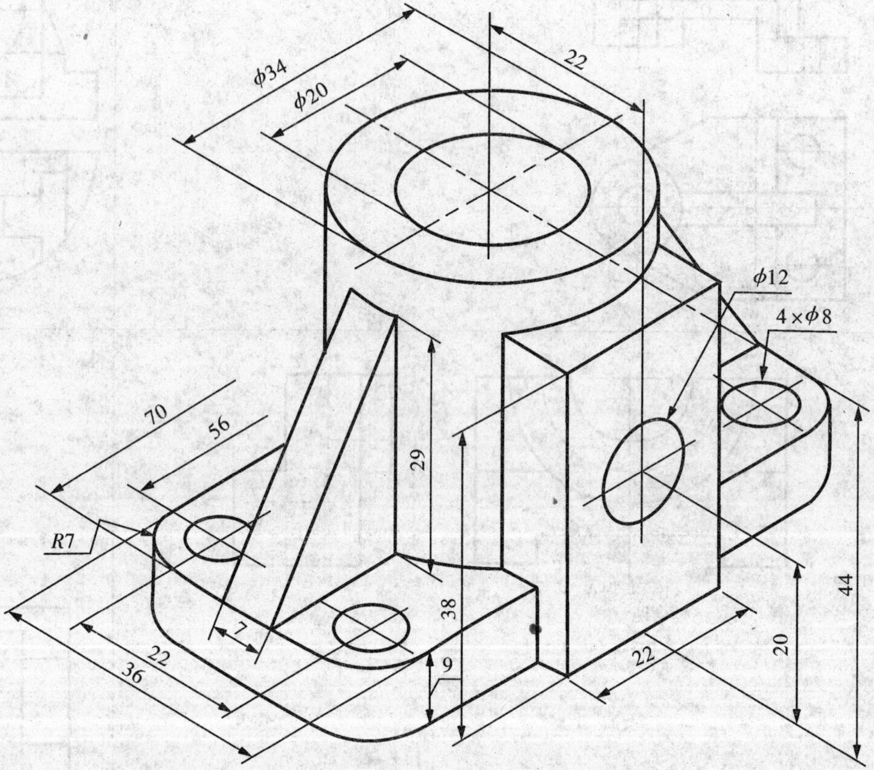

班级		姓名		学号		页次	44

5-12　大作业(二)

2.

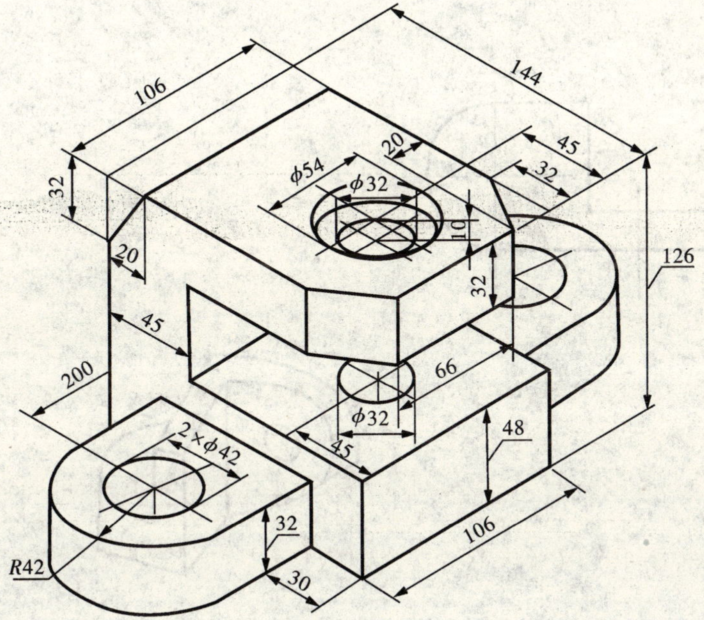

3.

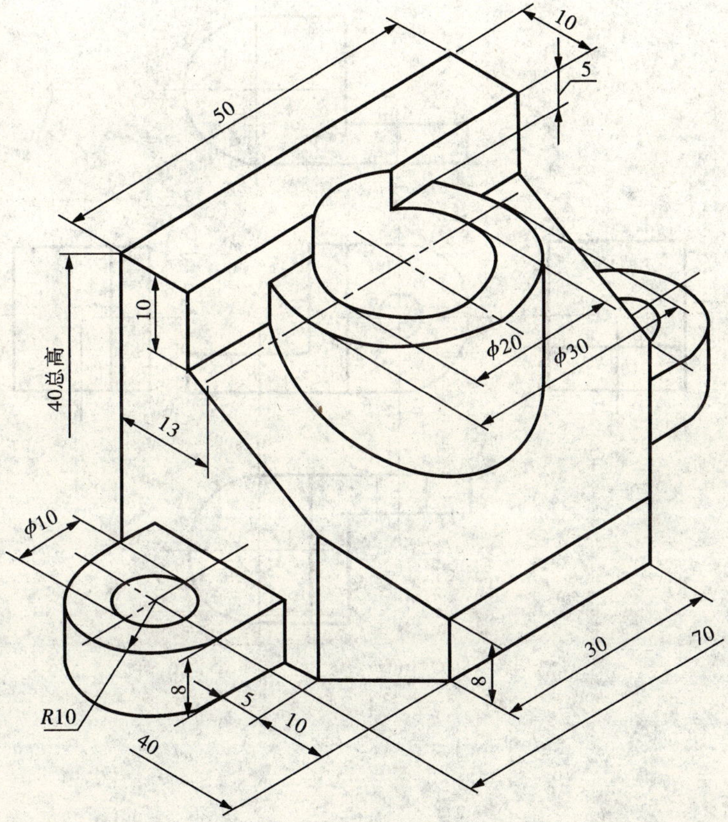

班级		姓名		学号		页次	45

第六章　机件的表达方法

6-1　补画视图

根据机件的主、俯视图，画出左、右、仰、右视图。

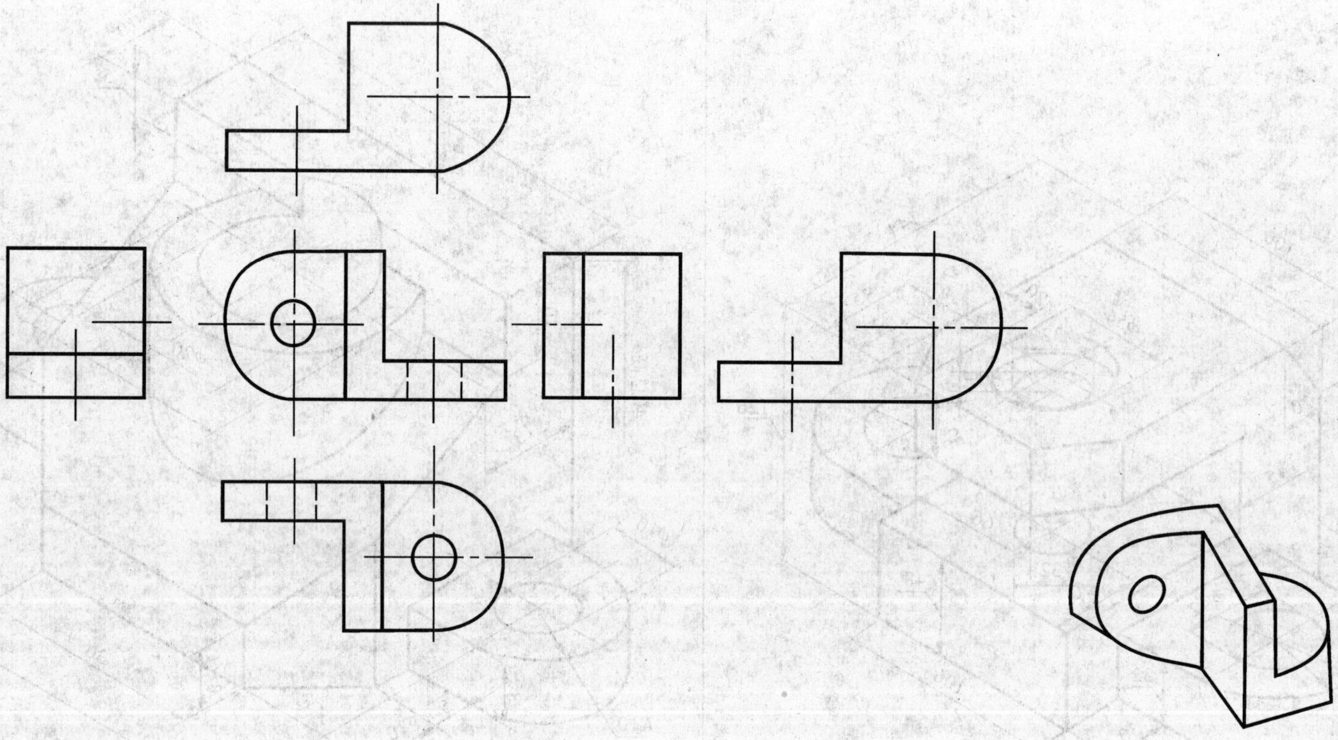

6-2　补画视图

1. 画出A向局部视图。

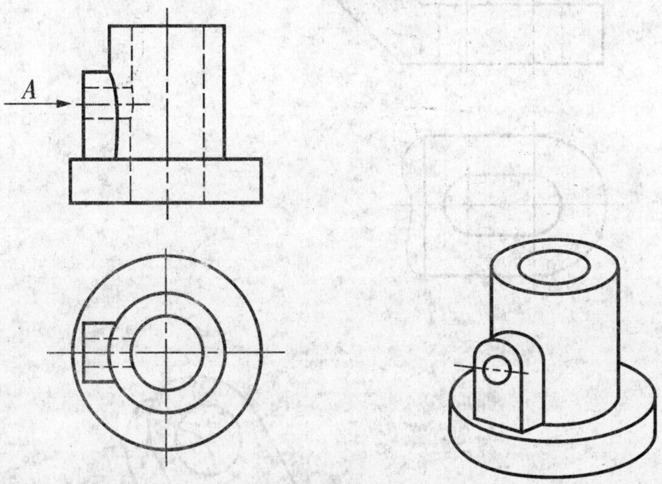

2. 画出A向斜视图。

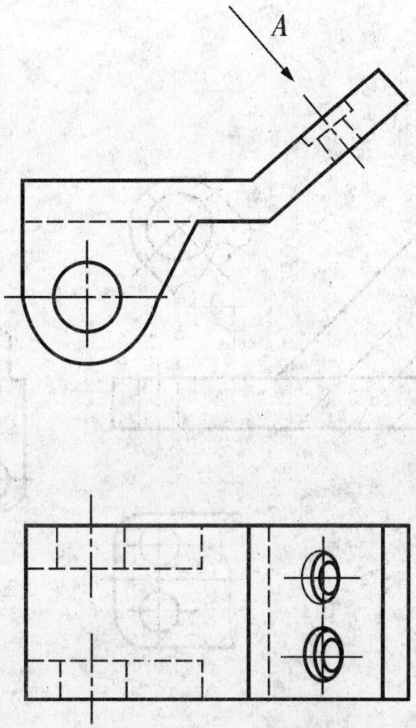

班级		姓名		学号		页次	47

6-3　局部视图，斜视图

1. 读图并标注各个视图。	2. 画出A向斜视图。
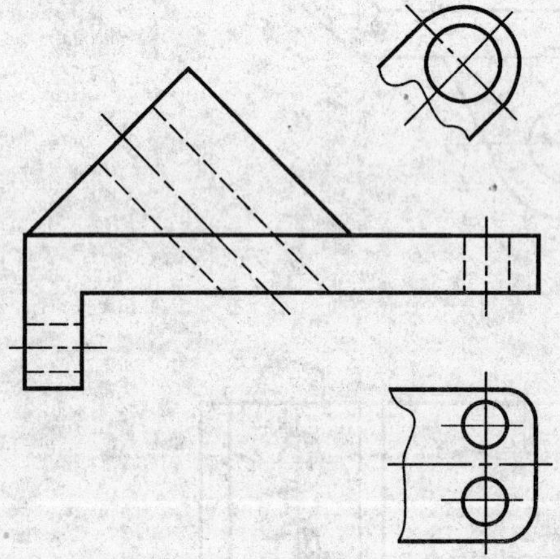	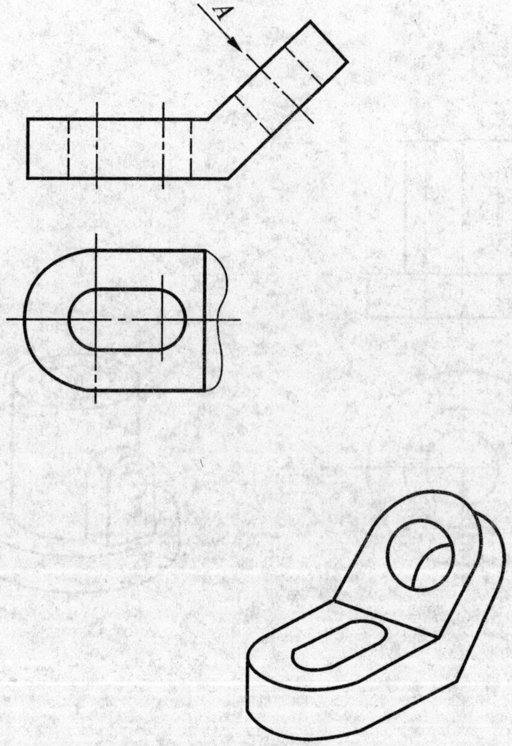

6-4　补画剖视图中所缺的图线

1.

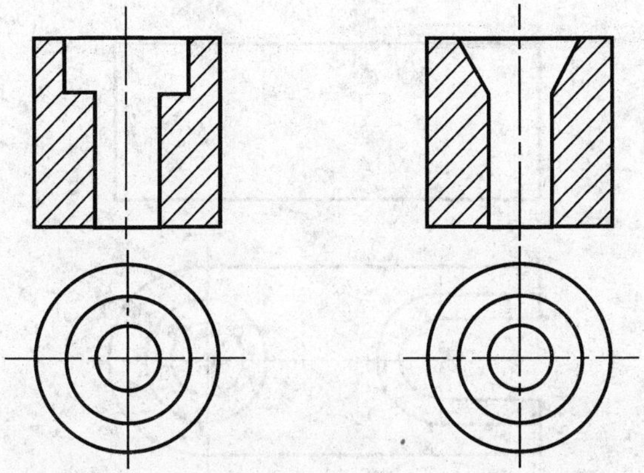

2.

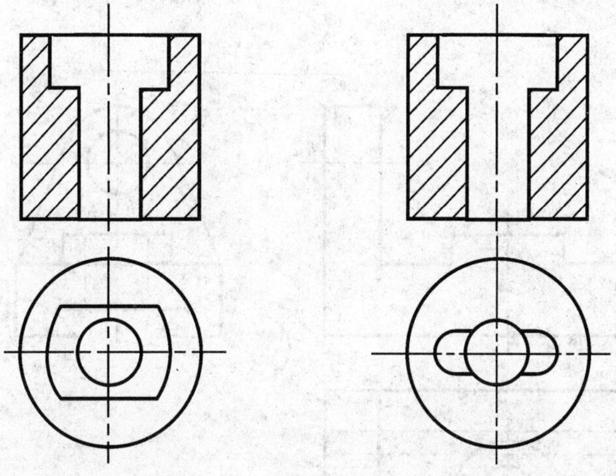

3.

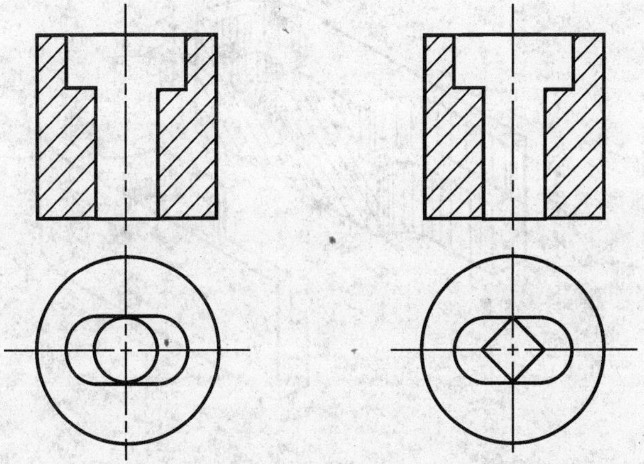

4.

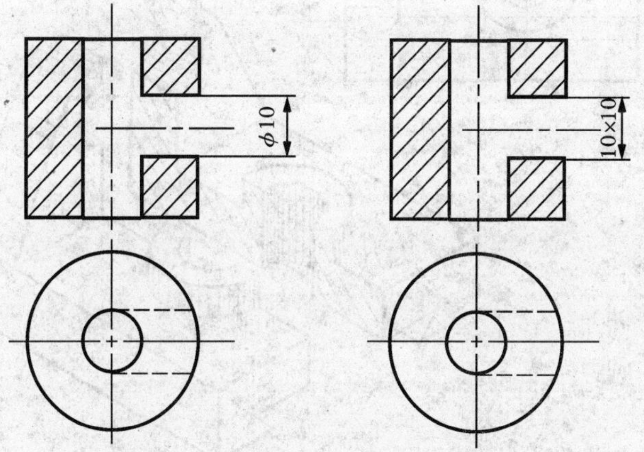

班级		姓名		学号		页次	49

6–5　将主视图画成全剖视图

1.

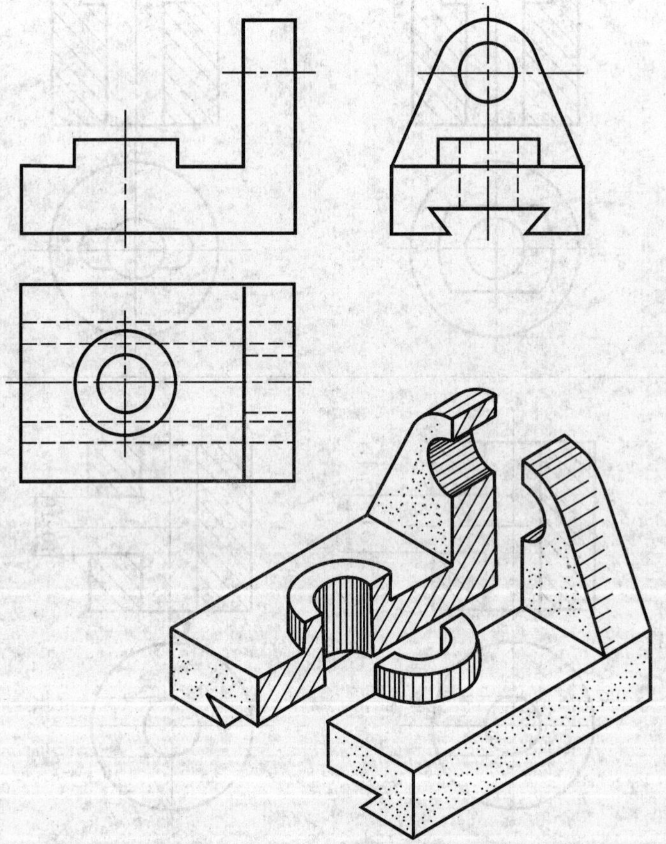

2.

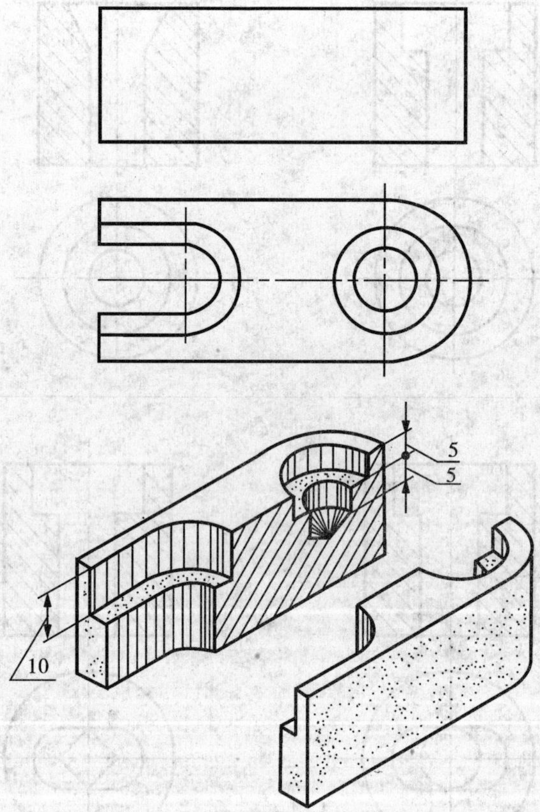

班级		姓名		学号		页次	50

6–6　在指定位置将主视图画成全剖视图

1.

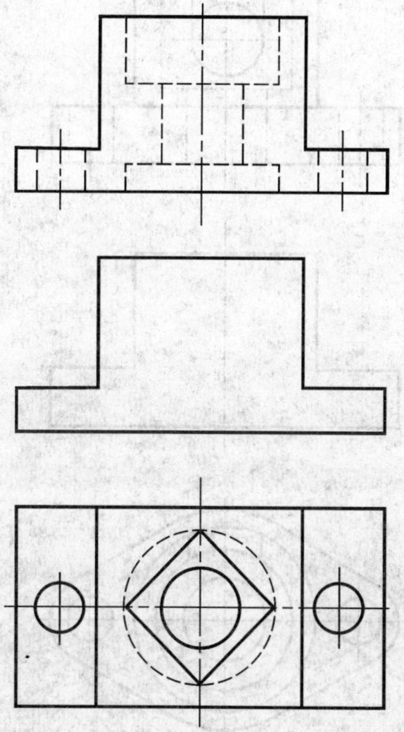

2.

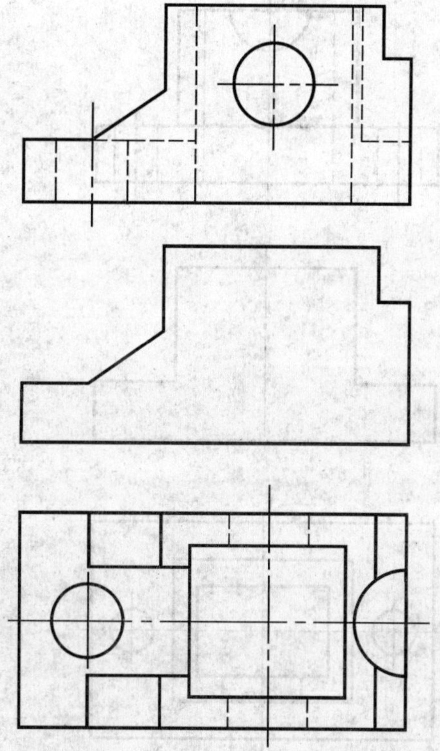

班级		姓名		学号		页次	51

6-7　在指定位置将主视图画成半剖视图

1.

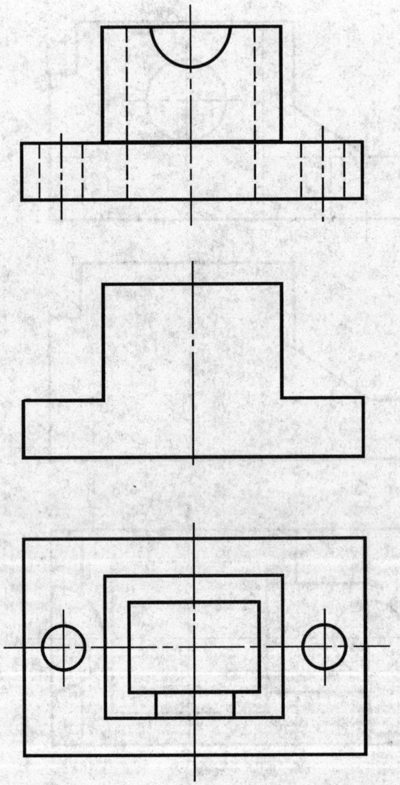

2.

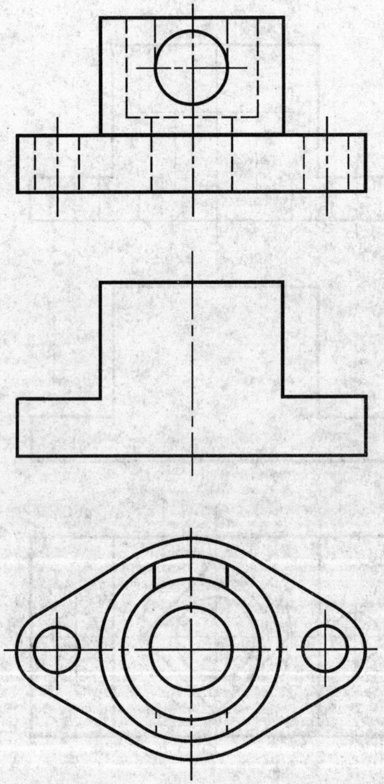

6-8　将主视图画成半剖视图，并补画出全剖左视图

1.

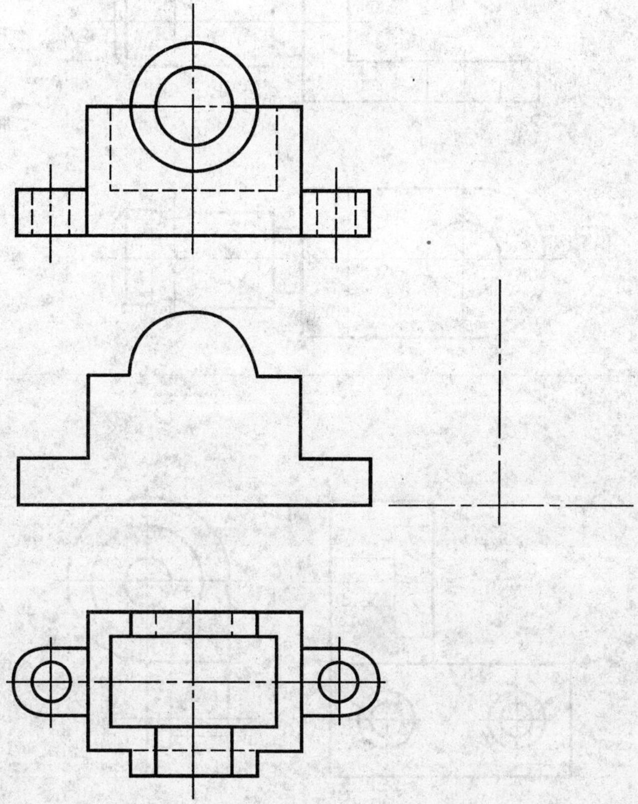

2.

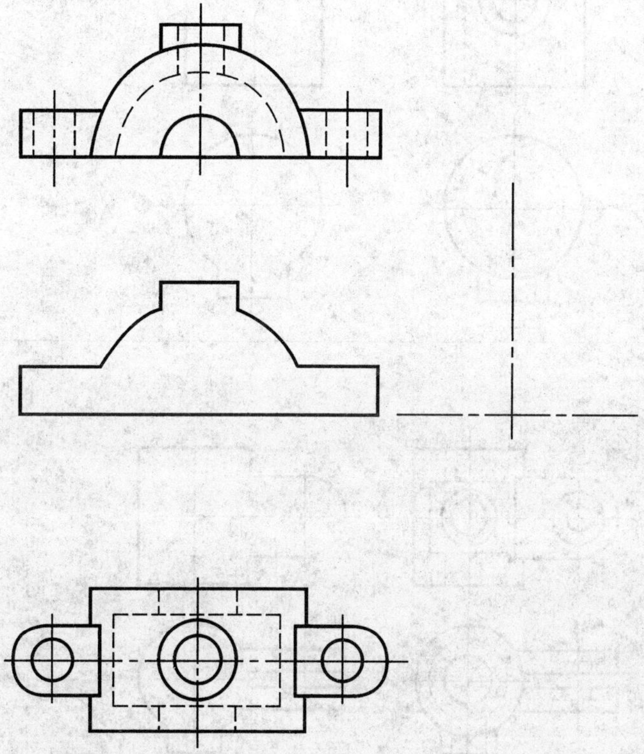

班级		姓名		学号		页次	53

6-9 将给出的视图改画(或根据视图重画)成局部剖视图

1.	2.
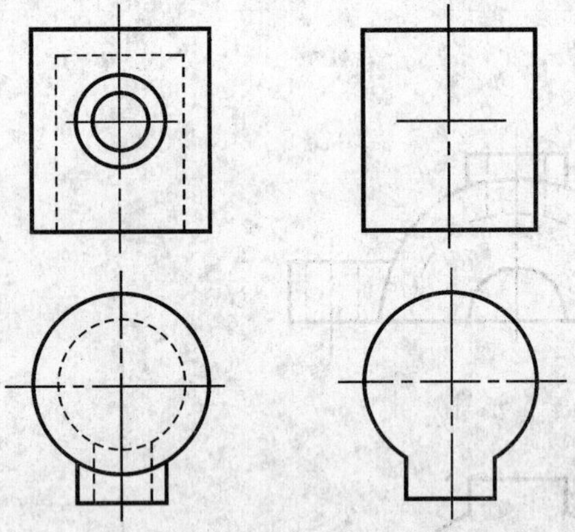	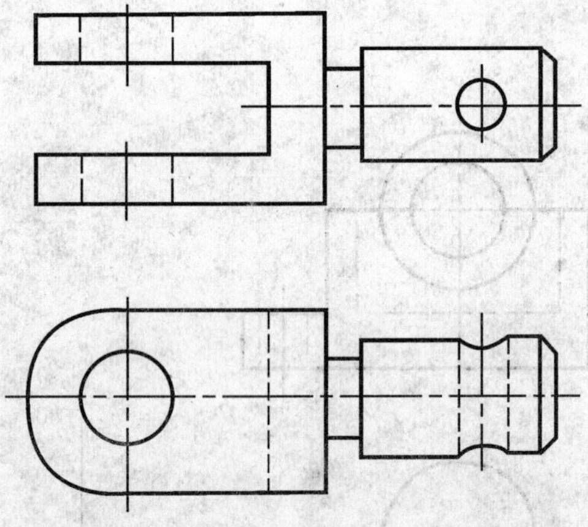
3.	4.
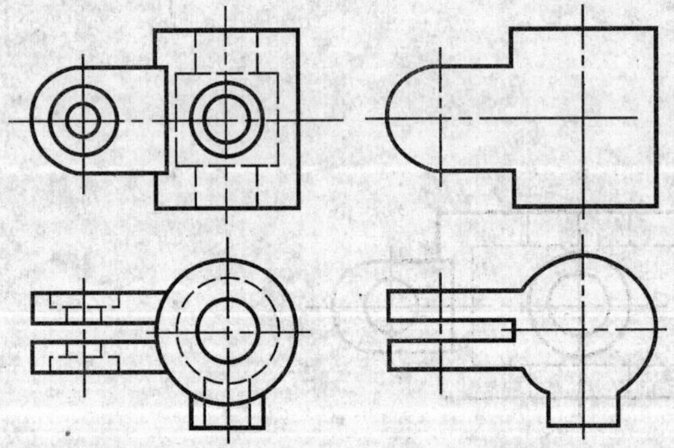	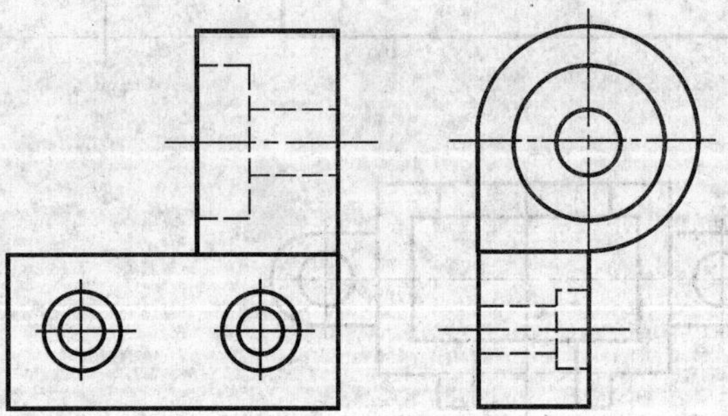

班级		姓名		学号		页次	54

6–10　画出由单一剖切平面剖切的斜剖视图

1.

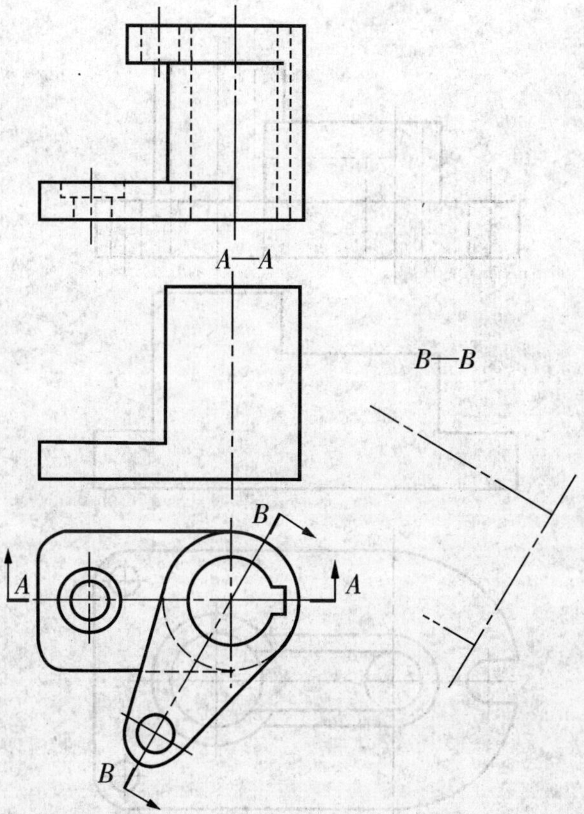

2.

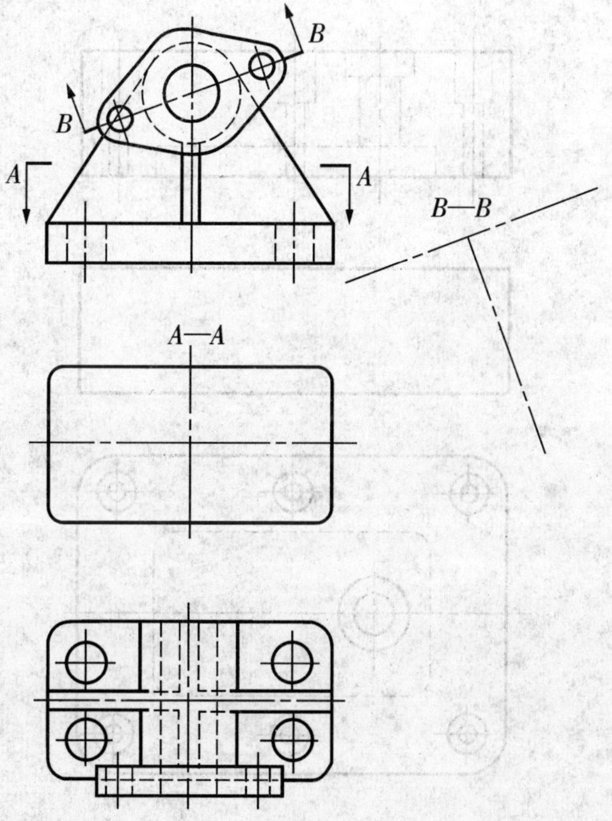

6–11　将主视图改画成用几个平行剖切平面剖切所得的剖视图，并进行标注

1.

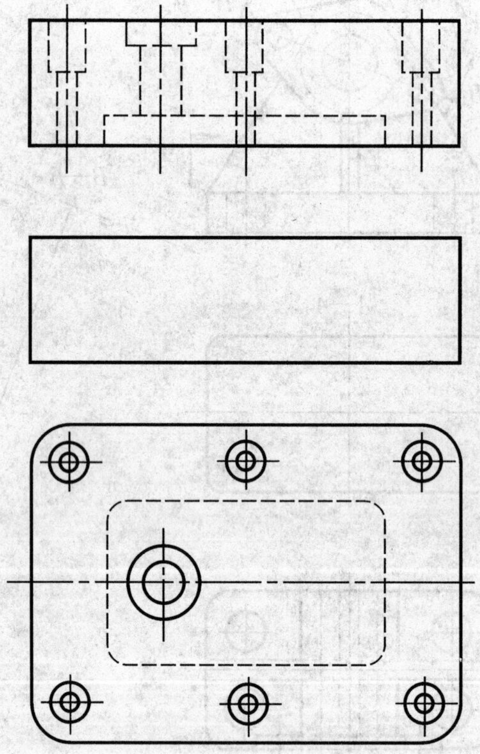

2.

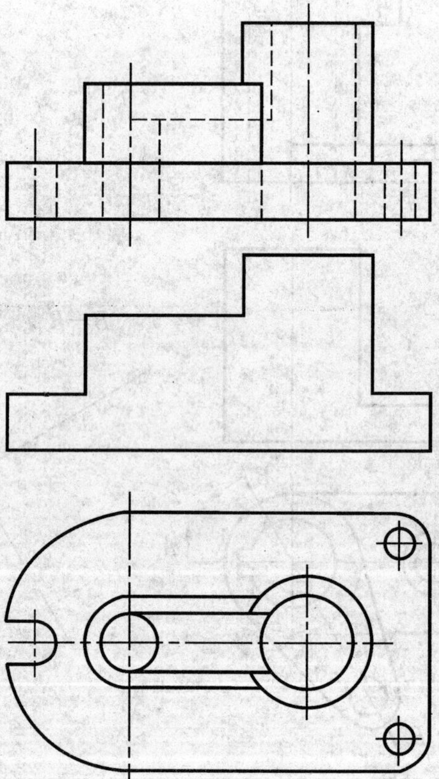

班级		姓名		学号		页次	56

6–12　将主视图改画成用几个相交的剖切平面剖切所得的剖视图，并进行标注

1.

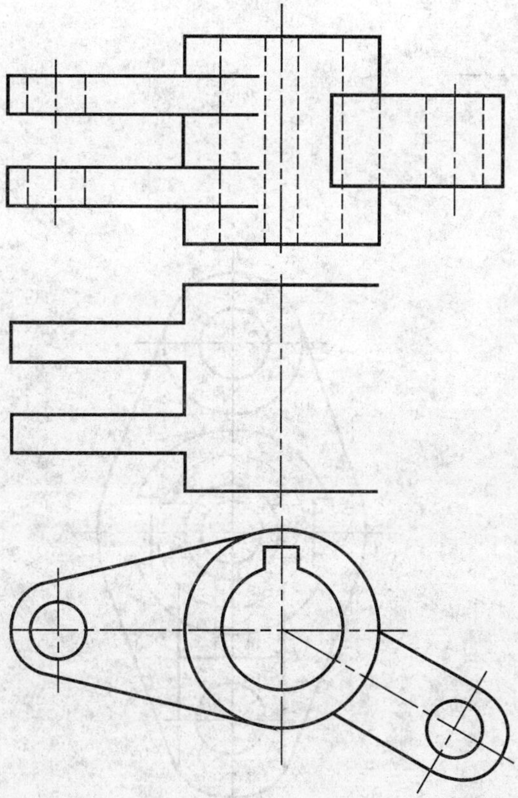

2.

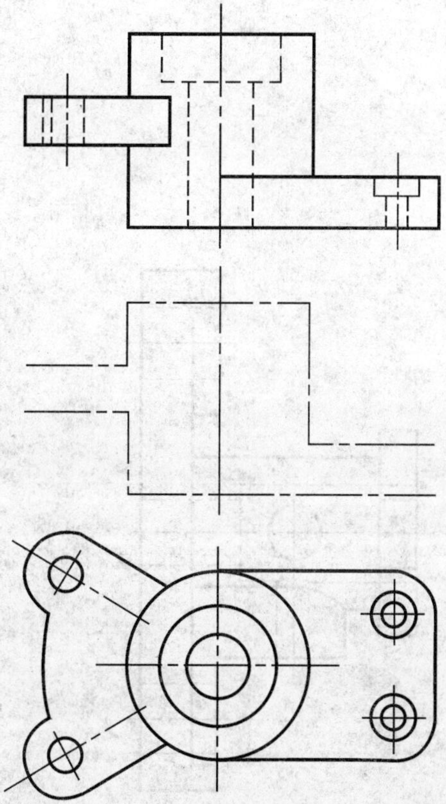

班级		姓名		学号		页次	57

6-13　在指定位置将主视图画成全剖视图，将左视图画成半剖视图

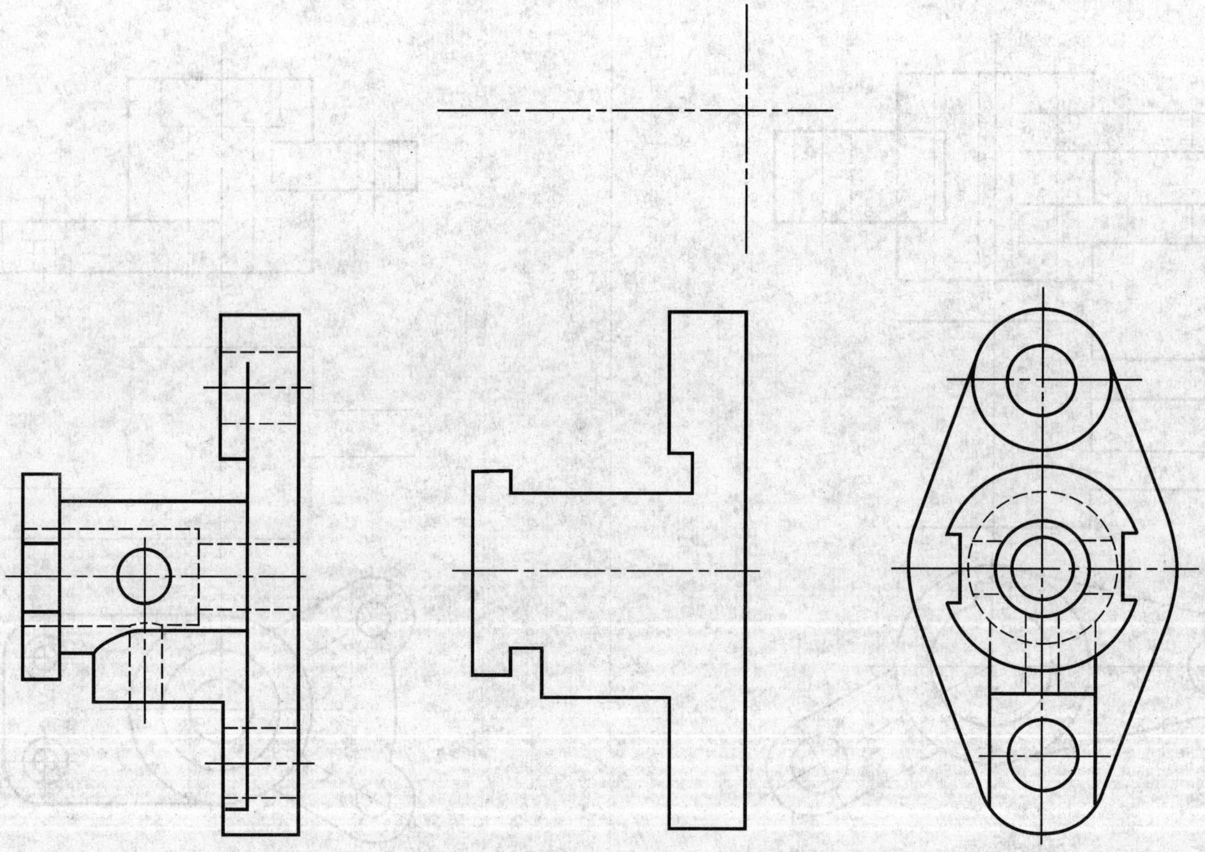

班级		姓名		学号		页次	58

6-14　根据要求完成轴的移出断面图

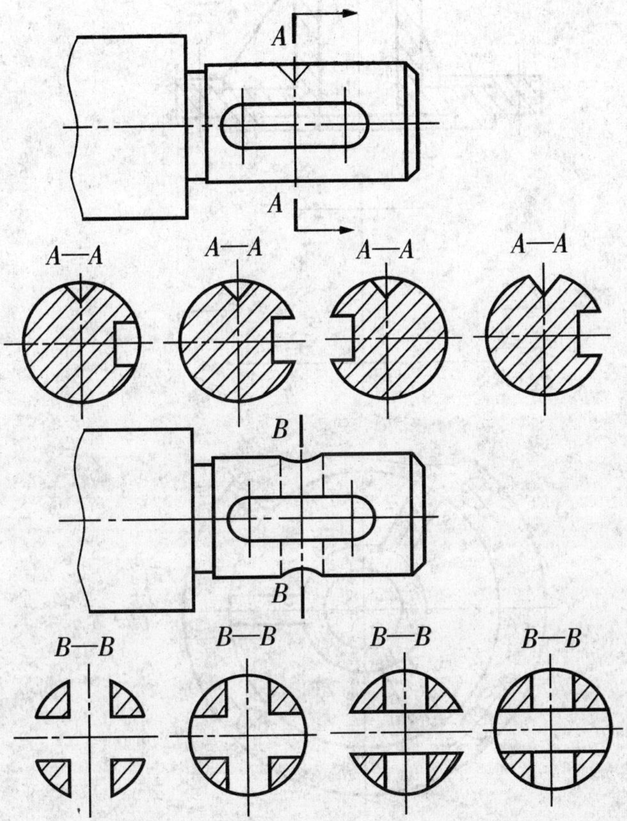

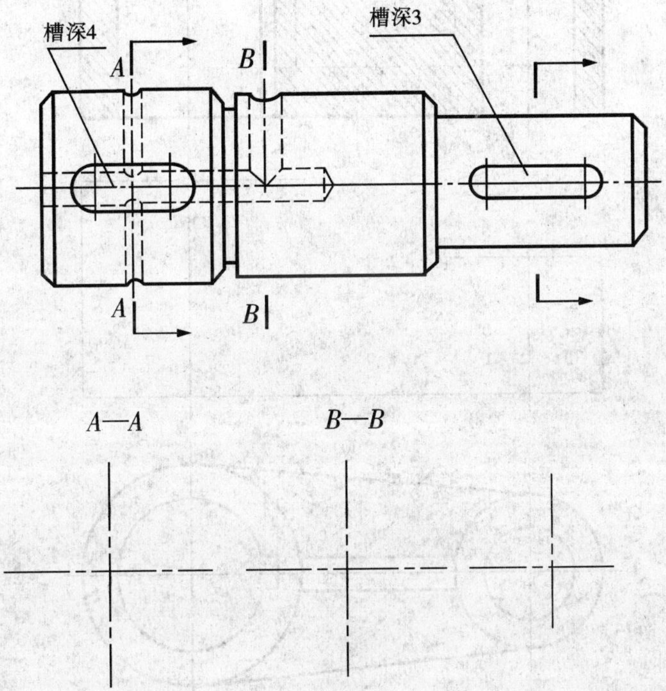

班级		姓名		学号		页次	59

6–15 在指定位置画出正确的剖视图

1.

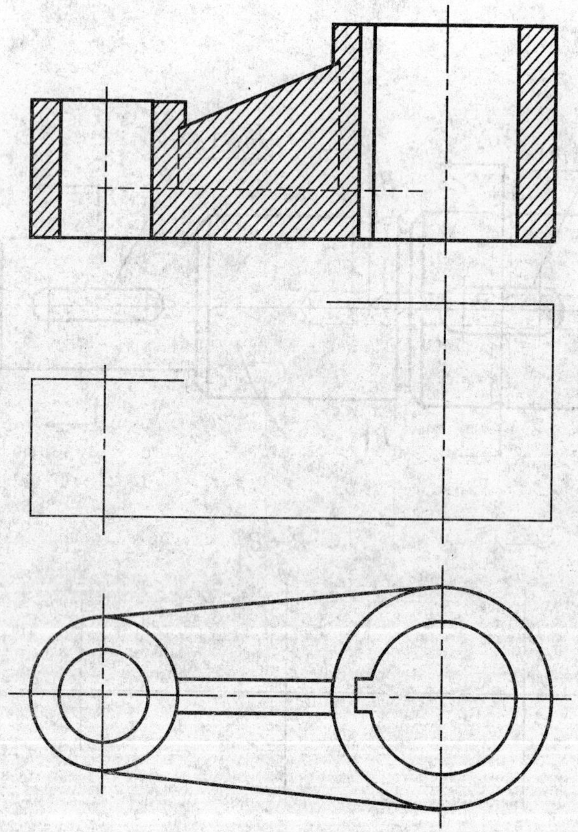

2.

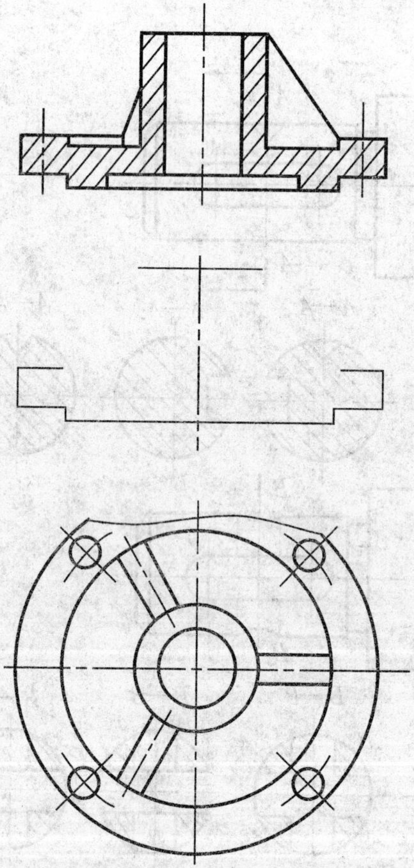

班级		姓名		学号		页次	60

机件的表达方法

一、内容

根据模型(或轴测图)选择合适的表达方法，并标注尺寸。

二、目的

1.练习机件综合表达方法。

2.掌握剖视图的画法。

三、要求

1.A3图纸。

2.自己确定图纸放置位置及绘图比例。

3.铅笔加深。

四、作业指导

1.在看清或想出机件形状的基础上，考虑应选用哪些视图和哪些剖视图，然后确定怎样剖切。选择剖视可多考虑几种方案，并进行比较，从中选择适当的表达方案。

2.剖视图应直接画出，而不是先画成视图，再改成剖视图。

3.剖面线最好不打底稿，一次描深画成。

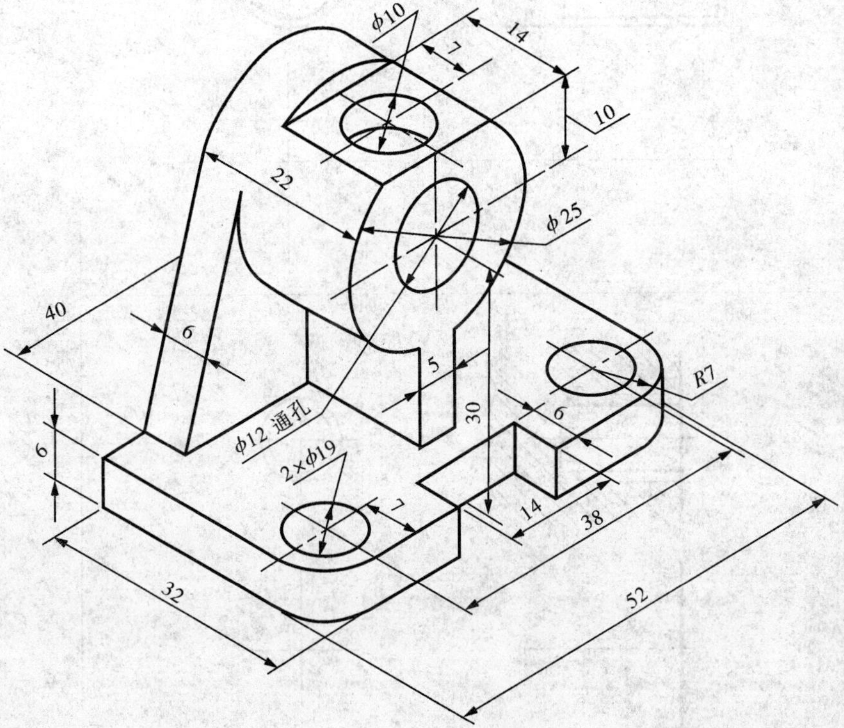

班级		姓名		学号		页次	61

第七章　标准件和常用件

7-1　分析图中的错误，并将正确的图形画在指定位置

1.

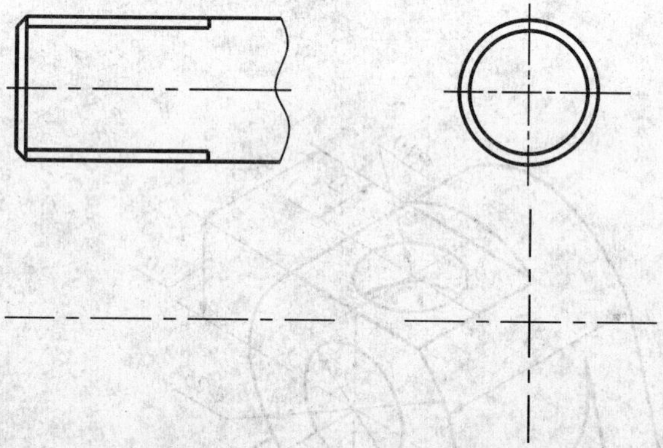

2.

3.

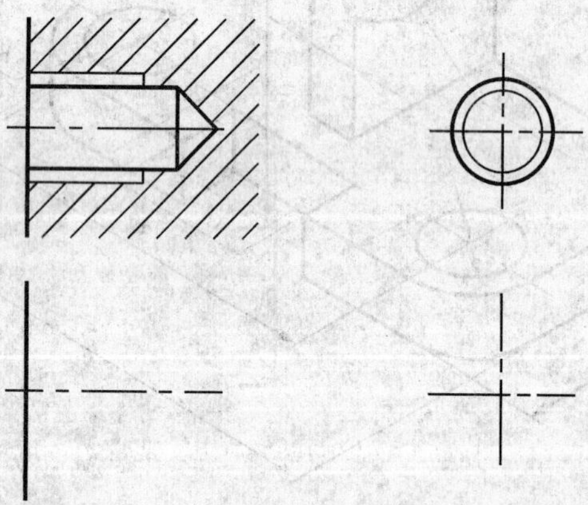

4.

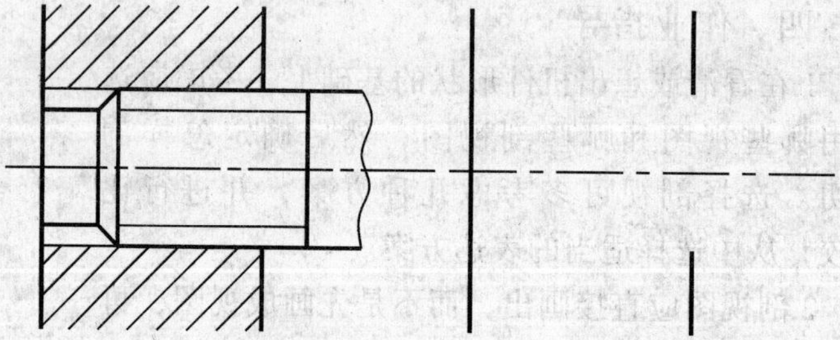

班级		姓名		学号		页次	62

7-2　根据要求将螺纹的标记标注在图中

1. 细牙普通螺纹，大径20，螺距1.5，中径和顶径公差带代号为6h，左旋，中等旋合长度。

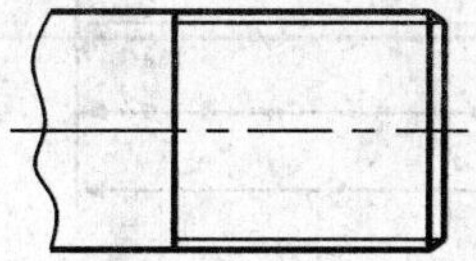

2. 粗牙普通螺纹，大径为24，右旋，中径和顶径公差带代号均为6H，短旋合长度。

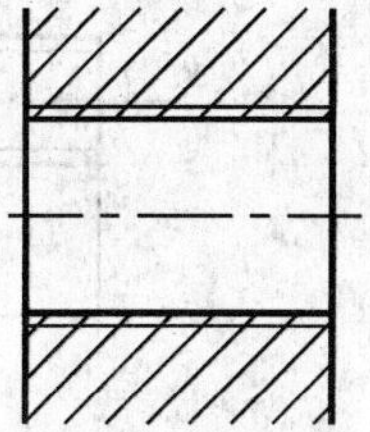

3. 梯形螺纹，公称直径为24，导程为10，双线，左旋，中径公差带代号为7e，中等旋合长度。

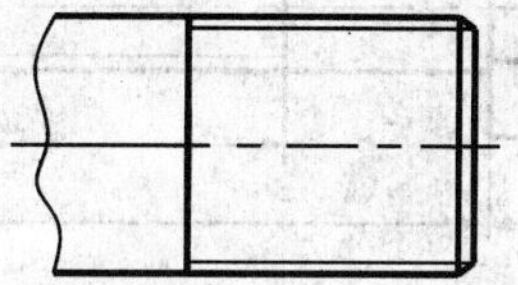

4. 锯齿形螺纹，大径为32，单线，螺距为6，左旋，中径公差带代号为7A，中等旋合长度。

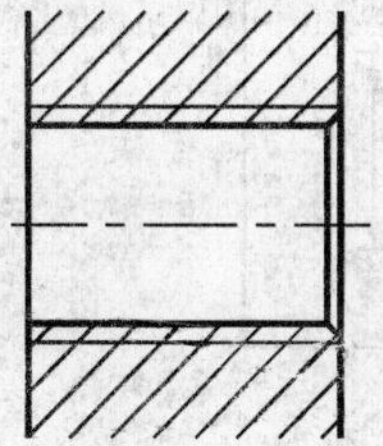

5. 55° 非密封管螺纹，尺寸代号为$\frac{1}{2}$，公差等级为A级，左旋。

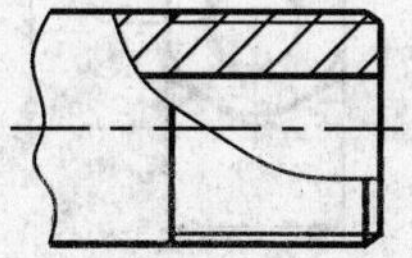

6. 55° 密封圆锥内螺纹，尺寸代号为$1\frac{1}{2}$，右旋。

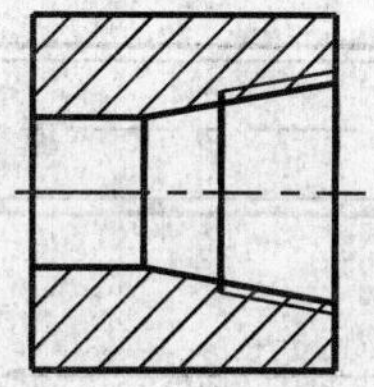

7-3 查表确定螺纹紧固件的尺寸，并写出规定标记

1. 六角头螺栓A级，螺纹规格d=12，公称长度l=45。(GB/T 5782—2000)

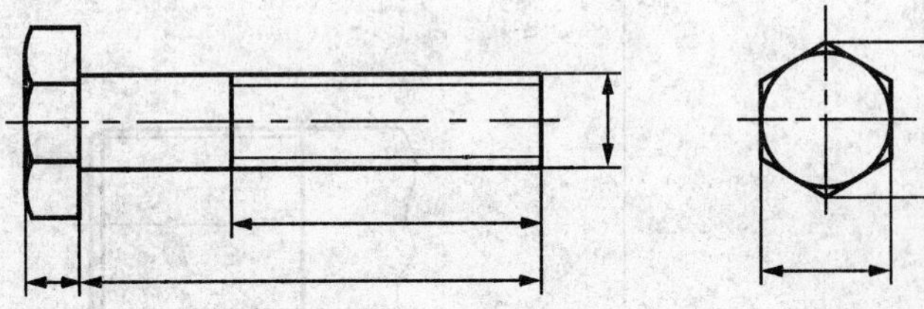

规定标记 ____________

2. 双头螺柱B型，螺纹规格d=16，l=50，bm=1d。(GB/T 897—1988)

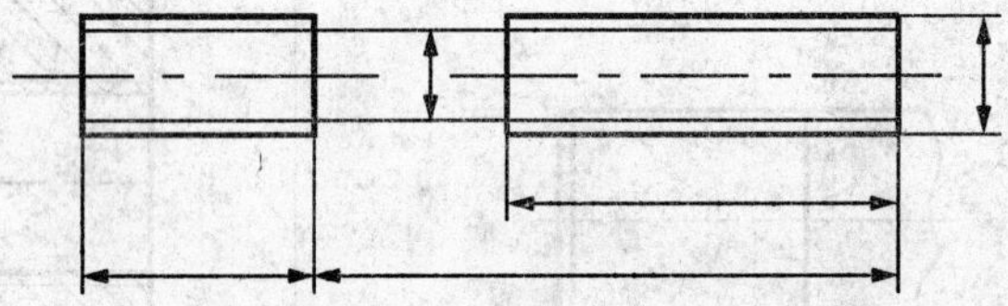

规定标记 ____________

3. 开槽圆柱头螺钉，螺纹规格d=8，公称长度l=30。(GB/T 65—2000)

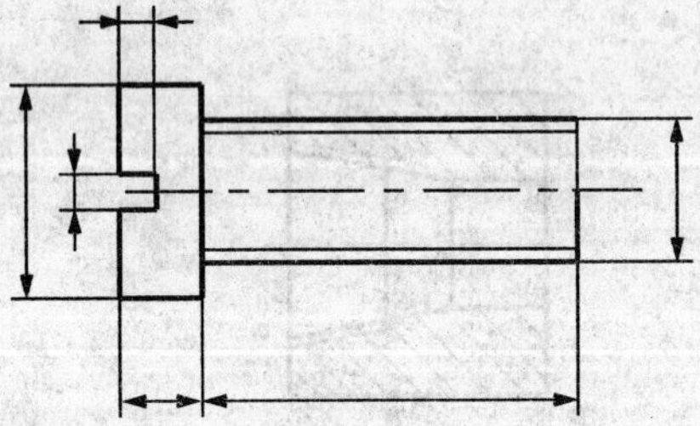

规定标记 ____________

4. 1型六角螺母，螺纹规格D=24。(GB/T 6170—2000)

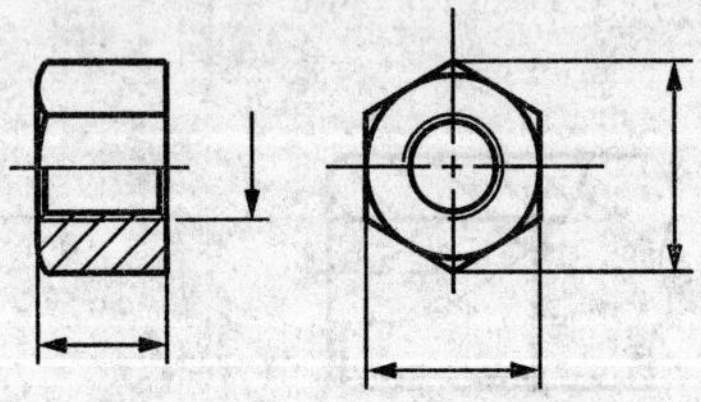

规定标记 ____________

5. 平垫圈，标准系列，公称尺寸d=12。(GB/T 97.1—1985)

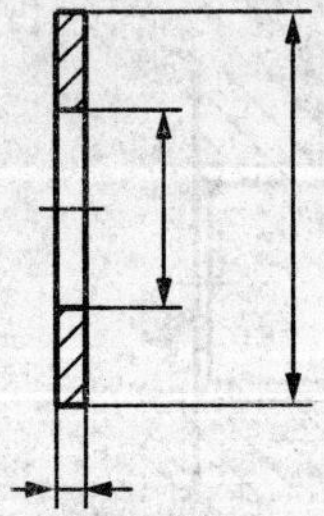

规定标记 ____________

7-4　画螺栓连接图，并写出规定标记

1.螺栓(GB/T　5782—2000)M12×________(公称长度计算后选定并填入空格)。
2.配用螺母(GB/T 6170—2000)M12，垫圈(GB/T 97.2 1985 12)，按比例1:1作图，被连接件孔径为ϕ13，主视图画成全剖，俯视图、左视图画成外形图。

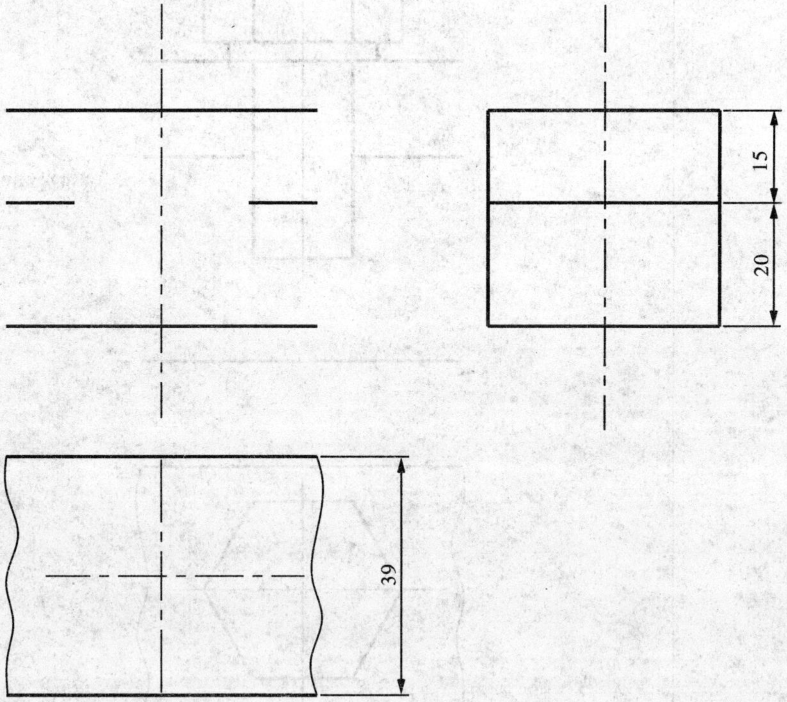

螺栓规定标记 ________________

螺母规定标记 ________________

垫圈规定标记 ________________

班级		姓名		学号		页次	65

7–5　根据要求画螺钉和螺柱连接图

1.螺钉(GB/T 65—2000)M10×______(公称长度计算后选定并填入空格)，按比例1:1作图，机件的材料为钢，主视图画成全剖。

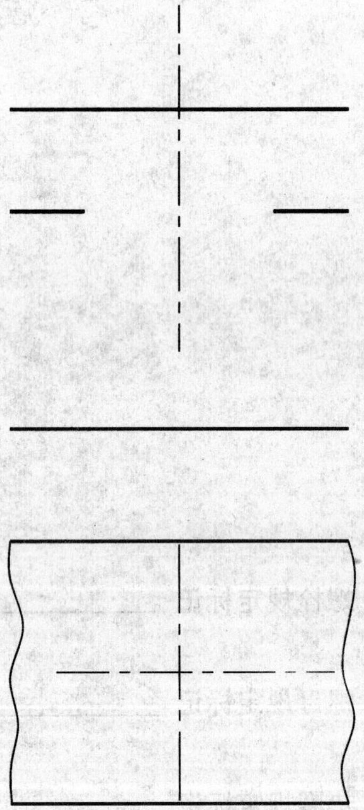

2.补全螺柱连接图(GB/T 887—1988)。

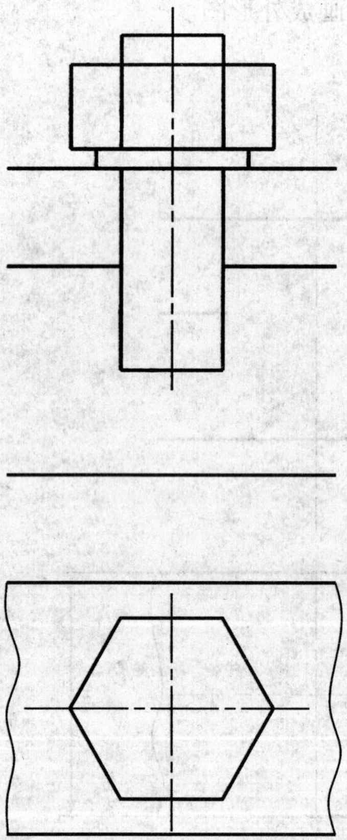

班级		姓名		学号		页次	66

7–6　根据要求画齿轮视图

已知直齿圆柱齿轮的m=3，z=20，计算齿轮的分度圆、齿顶圆和齿根圆直径，并按比例1:1完成齿轮的两个视图。

班级		姓名		学号		页次	67

7-7 根据要求画齿轮啮合视图

已知直齿圆柱齿轮的m=3，z_1=20，a=75，计算大、小齿轮的分度圆、齿顶圆和齿根圆直径，并用比例1:1完成齿轮啮合的两个视图。

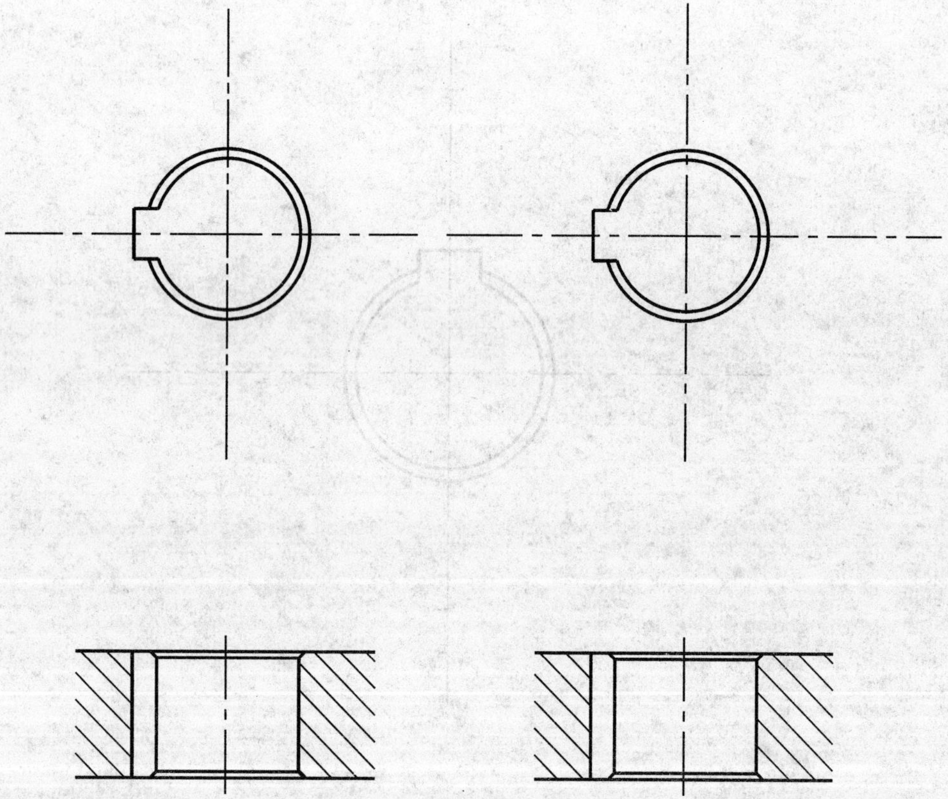

班级		姓名		学号		页次	68

7-8 根据要求完成锥齿轮视图

已知直齿圆锥齿轮的m=5，z=20，齿轮的其余尺寸如图所示，完成锥齿轮视图。

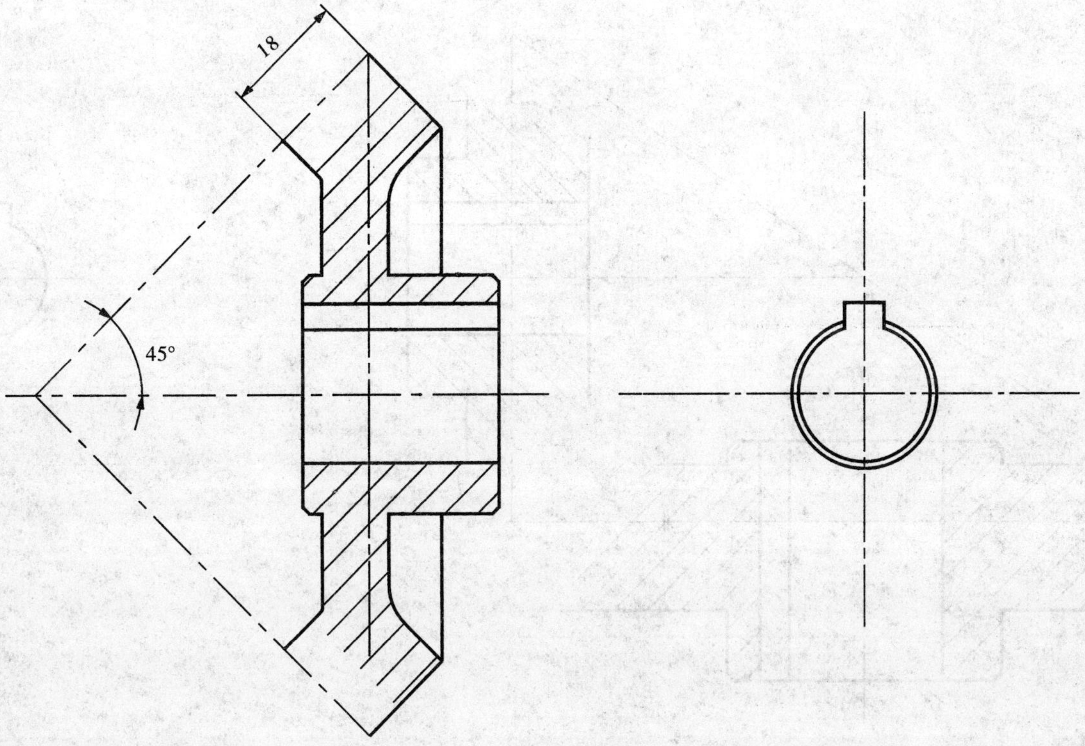

7–9　根据要求完成锥齿轮啮合视图

已知一对直齿圆锥齿轮啮合$m=3$，$z_1=20$，$z_2=30$，齿轮的其余尺寸如图所示，完成锥齿轮啮合视图。

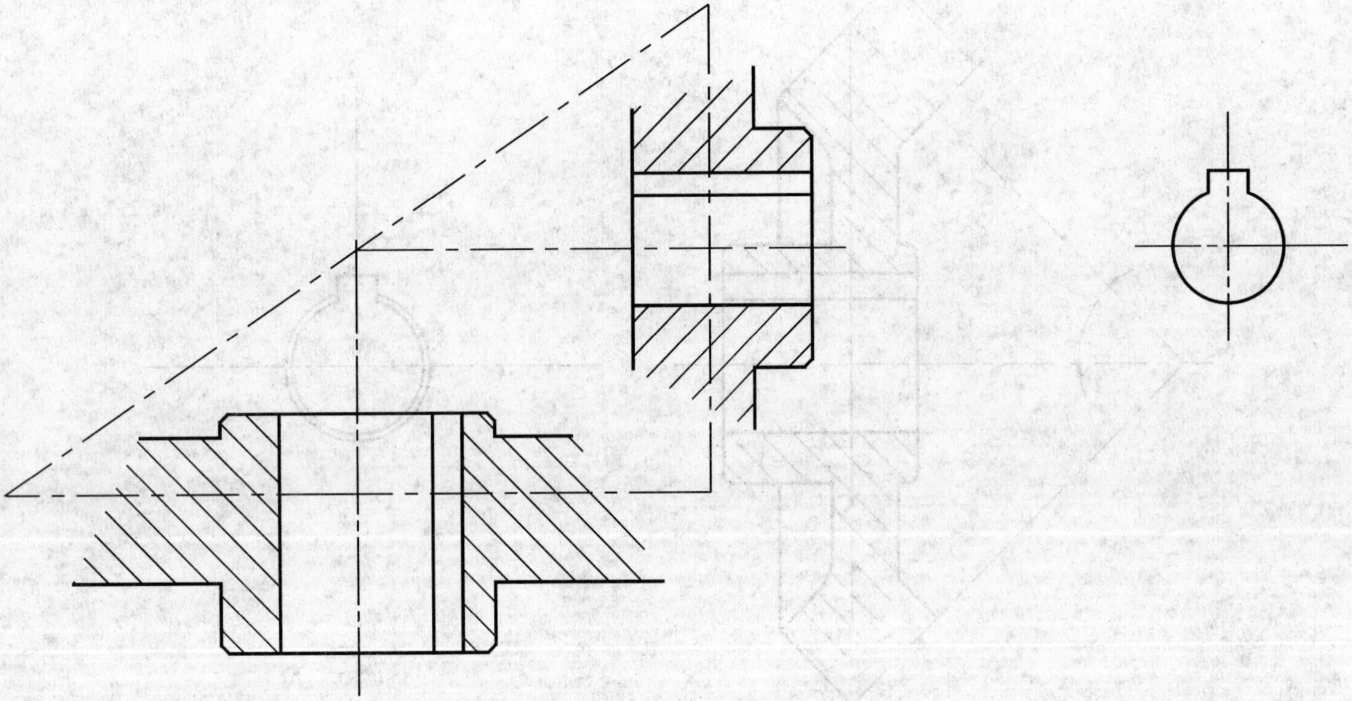

班级		姓名		学号		页次	70

7–10 键连接、销连接

1. 已知齿轮和轴用A型普通平键连接，轴径为20 mm，键长为20 mm，查表确定键槽尺寸，按1:1完成下图，并标注尺寸，写出键的标记。

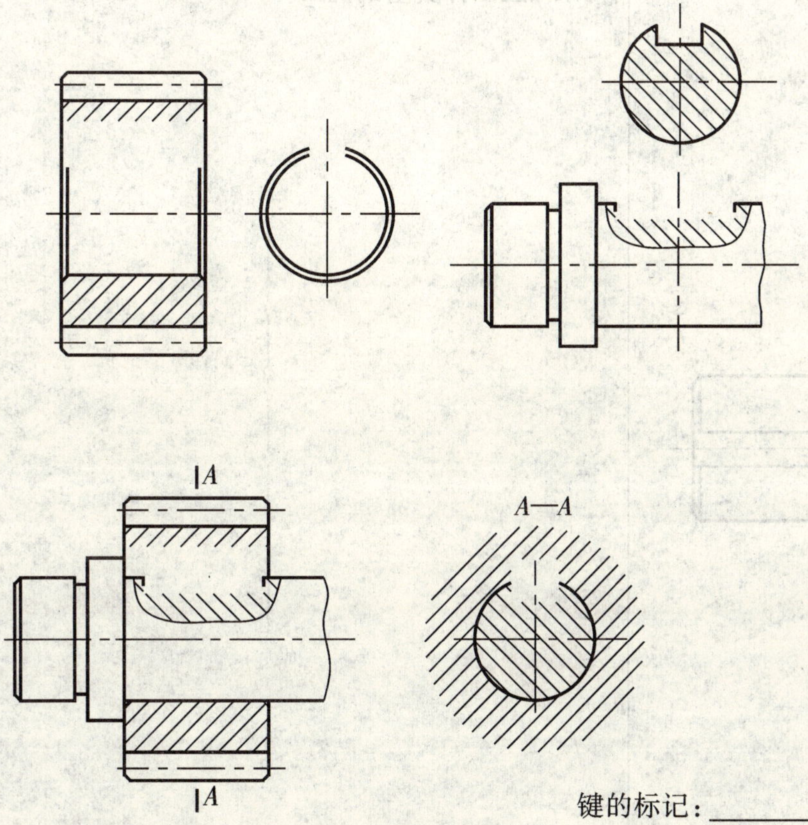

键的标记：__________

2. 选用d=5 mm，适当长度的A型圆锥销连接箱体和箱盖。查表确定销的尺寸，并按2:1补全连接图，写出销的标记。

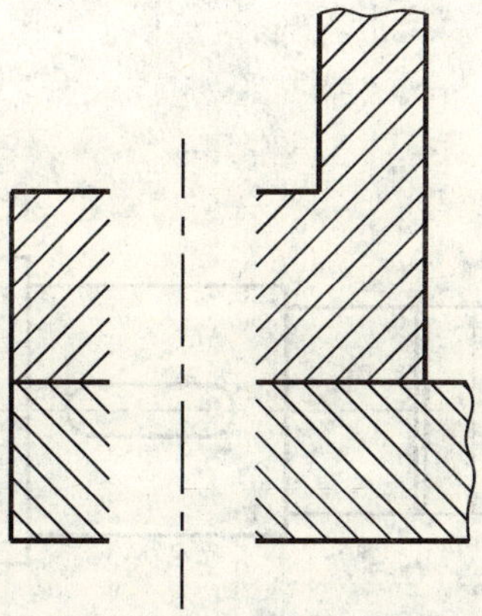

销的标记：__________

班级		姓名		学号		页次	71

1.根据轴承代号标记，查表确定有关尺寸，用规定画法在直径为20和25处按1:1补画滚动轴承。轴承代号为6204、6205 (GB/T 4459.7—1998)。

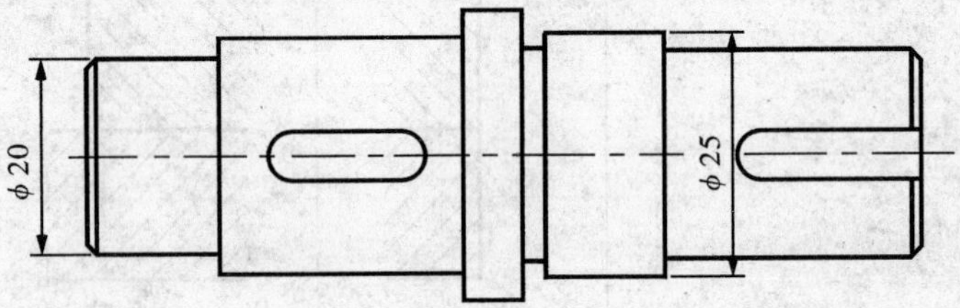

2.已知圆柱螺旋压缩弹簧的簧丝直径d=6 mm，弹簧中径D_2=50 mm，节距t=10 mm，自由高度H_0=80 mm，右旋。用1:1画出弹簧全剖视图。

班级		姓名		学号		页次	72

第八章　零件图

8-1　零件图表达方案的选择(一)

比较摇臂座的两个表达方案，并填空。

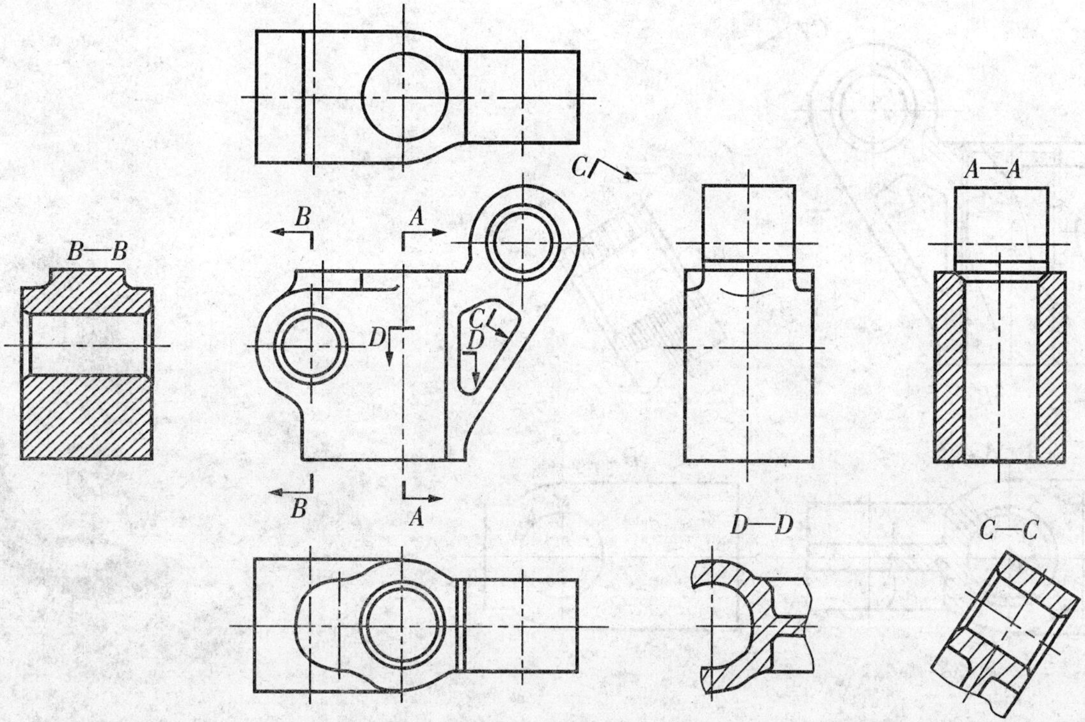

方案一：

共用________个视图表达，其中表示零件外形的是________视图、________视图、________图和________图。

A—A剖视表示中间________的内部形状，C—C剖视表示右上部________的内部形状，D—D剖视表示________的形状。

经过与方案二比较后，试分析表达该零件的八个视图中，哪些视图是可以省略的？

班级		姓名		学号		页次	73

8-1　零件图表达方案的选择(二)

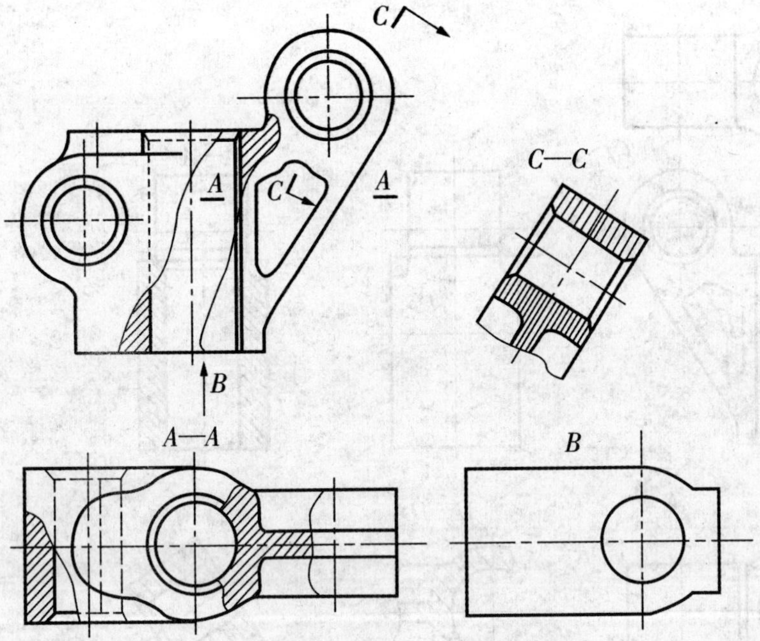

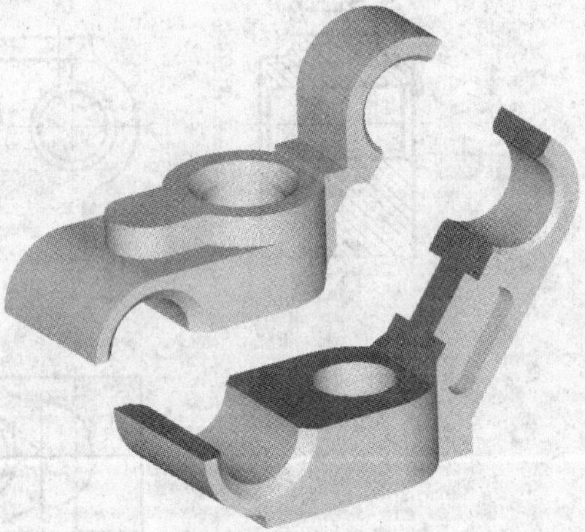

方案二:

共用________个视图表达。主视图主要表示零件的外形，并采用________剖视图表示中间通孔的形状；

俯视图上两处局部剖视分别表示__________和__________的局部形状；

C—*C*剖视表示_________的内部形状，*B*向局部视图表示__________的外形。

试分析比较两个表达方案的优缺点。

8-2　表面粗糙度

1. 指出图中表面粗糙度的标注错误，并在空白图中正确标注。

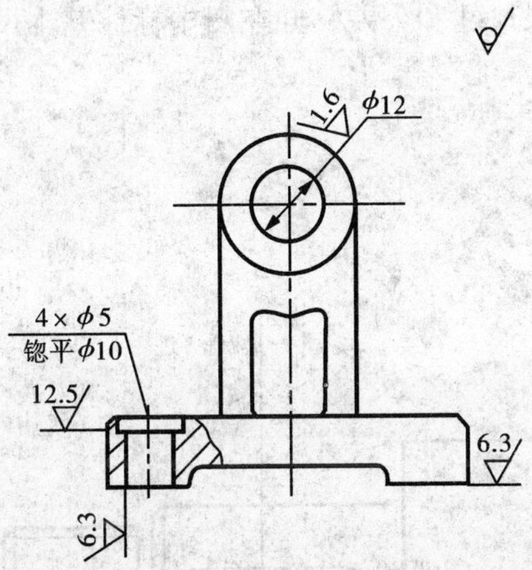

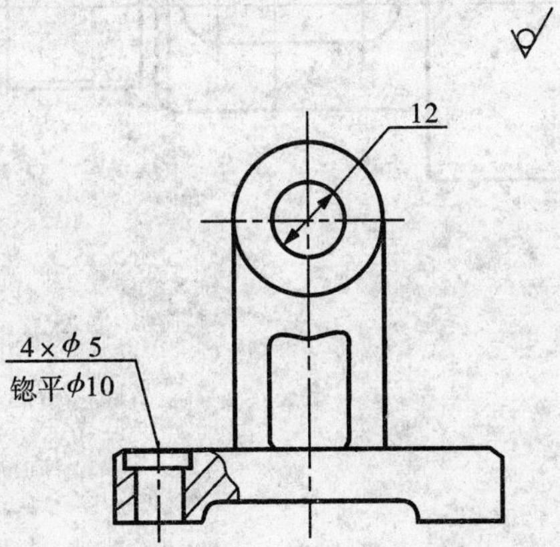

2. 指出图中表面粗糙度的标注错误，并在空白图中正确标注。

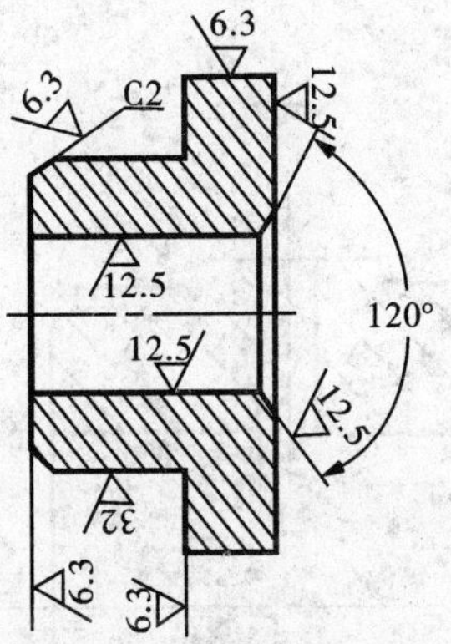

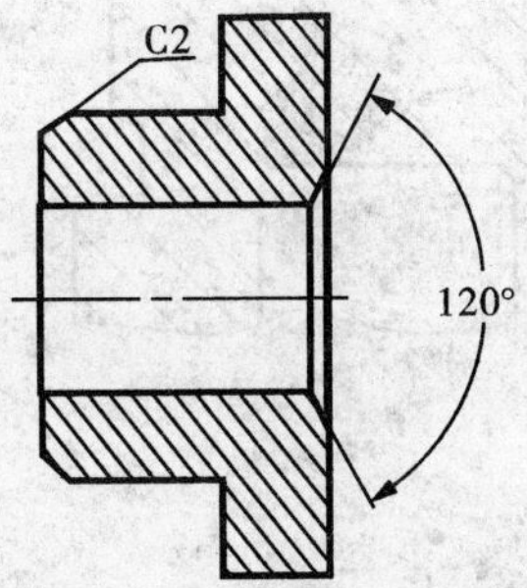

班级		姓名		学号		页次	75

1. 轴承孔的基本尺寸为$\phi 55$。在制造时规定它的上极限尺寸为$\phi 55.046$，下极限尺寸为$\phi 55$，试求出轴承孔尺寸的上、下极限偏差，并标注在图上。

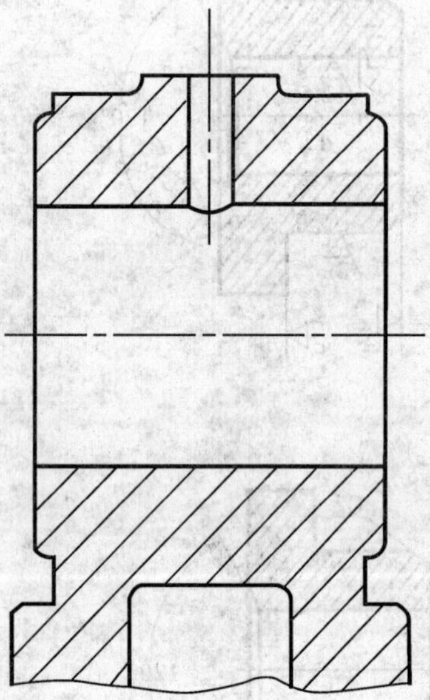

2. 齿轮轴的基本尺寸为$\phi 30$，在该轴上的工作图上，上极限偏差为+0.023，下极限偏差为-0.008，试求出其上极限尺寸及下极限尺寸和公差，并在图中标注基本尺寸和上、下极限偏差。

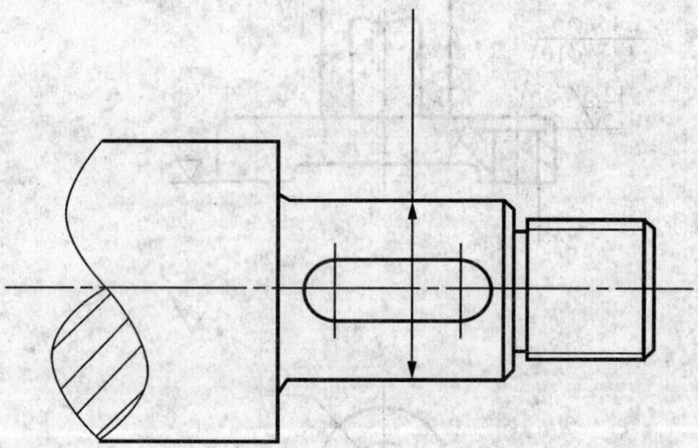

班级		姓名		学号		页次	76

8-3 极限与配合(二)

3. 在轴与轴套的装配图上配合尺寸为ϕ25H8/f8，试查表计算出偏差数值，并正确地标注在轴和轴套的视图上。

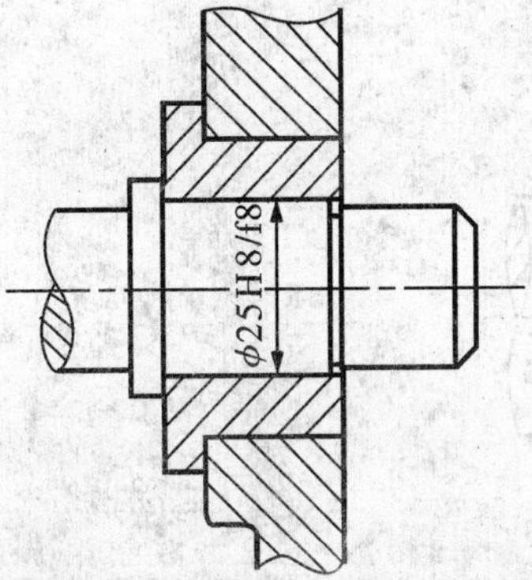

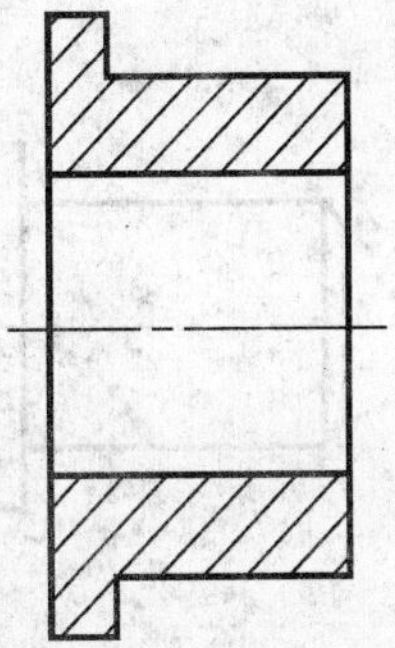

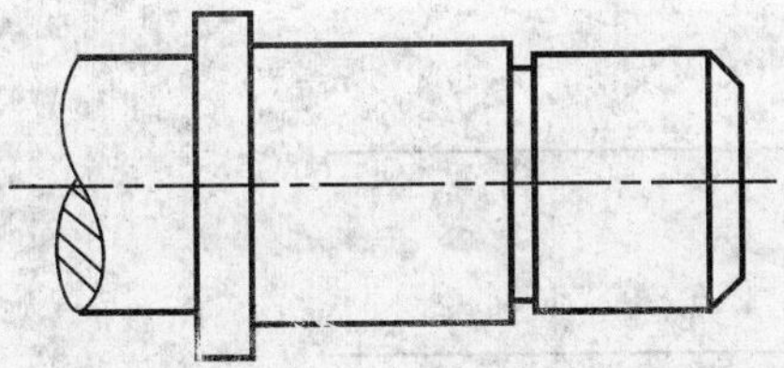

4. 轴与齿轮的装配图上配合尺寸为ϕ42H7/js6，试查表计算出偏差数值并正确地标注在轴和齿轮的视图上。

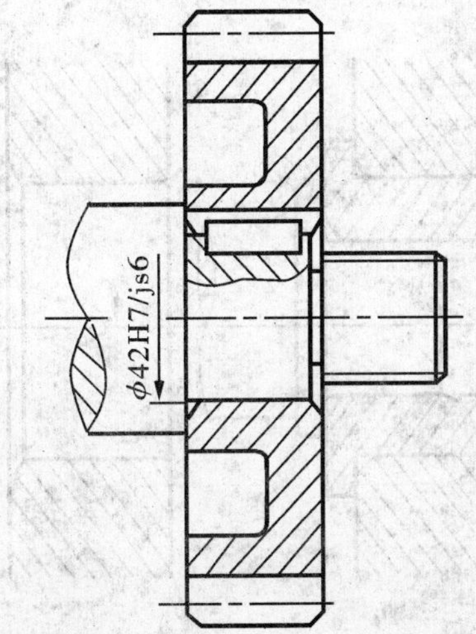

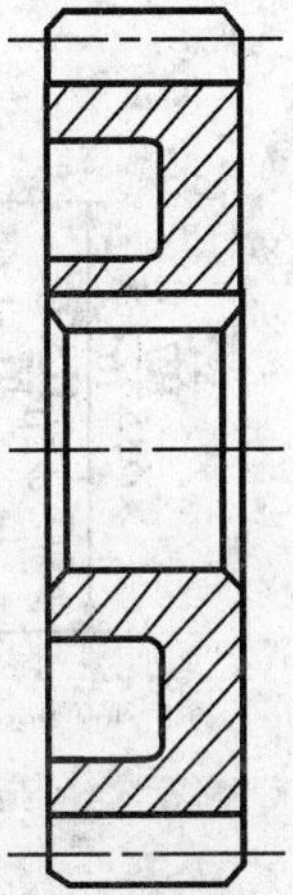

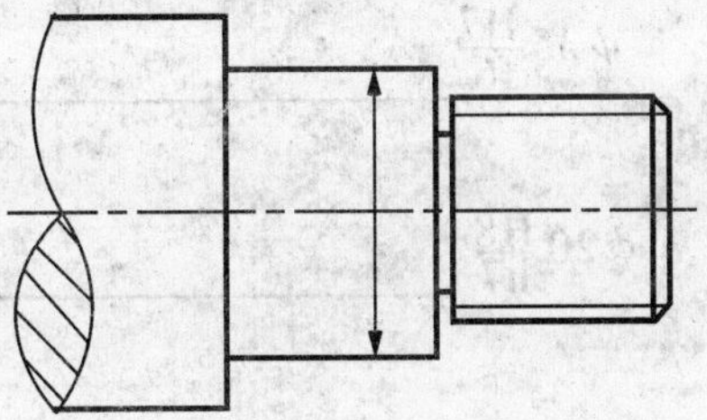

班级		姓名		学号		页次	77

5. 根据装配图上的尺寸标注，分别在零件图上注出相应的基本尺寸和极限偏差，并解释配合代号的意义。

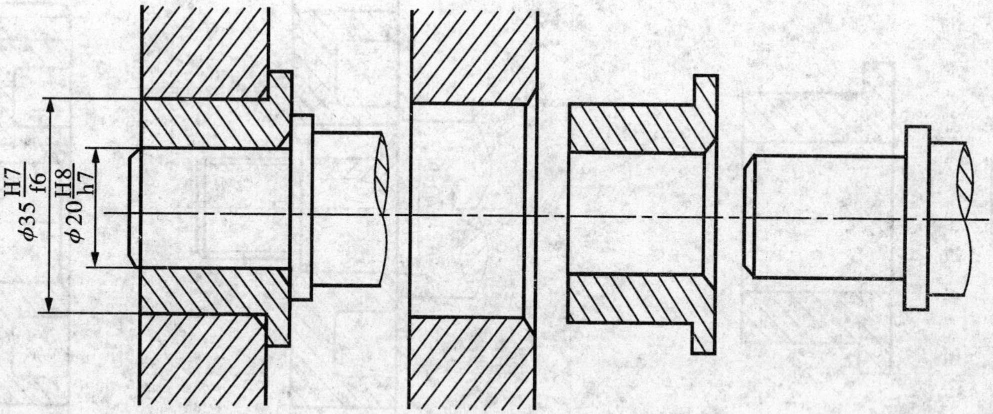

$\phi 35\frac{H7}{f6}$ ____________________

$\phi 20\frac{H8}{h7}$ ____________________

班级		姓名		学号		页次	78

6.标注轴、孔的直径偏差值，并回答问题。

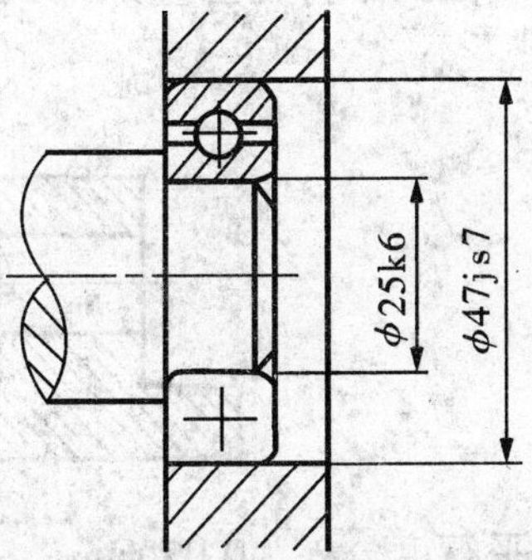

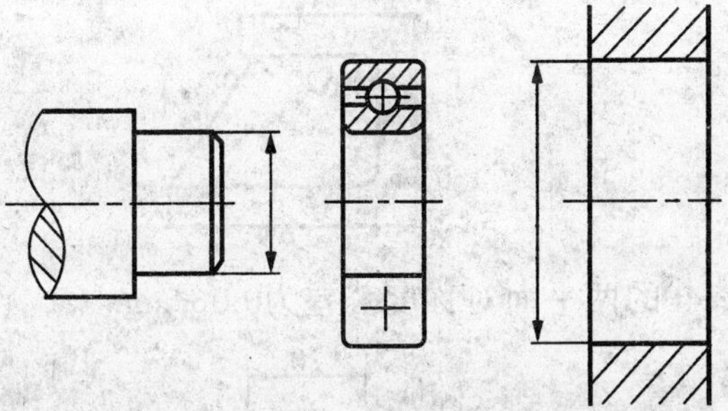

(1)φ 25k6为基______制______配合的轴的直径公差带代号。

(2)φ 47js7为基______制______配合的孔的直径公差带代号。

(3)如此标注的原因是______________________________。

7.根据装配图中的配合代号，查表得偏差值，标注在零件图上，并填空。

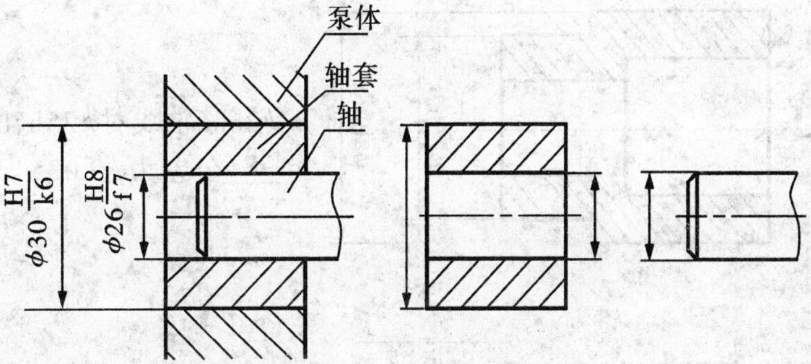

(1) 轴套与泵体孔φ30H7/k6基本尺寸______，基______制；公差等级：轴IT______级，孔IT______级，轴套与泵体孔是______配合；轴套：上偏差______，下偏差______；泵体孔：上偏差______，下偏差______。

(2) 轴与轴套φ26H8/f7基本尺寸______，基______制；公差等级：轴IT______级，孔IT______级，轴与轴套是______配合；轴：上偏差______，下偏差______；轴套：上偏差______，下偏差______。

班级		姓名		学号		页次	79

1.用文字说明图中形位公差的含义。

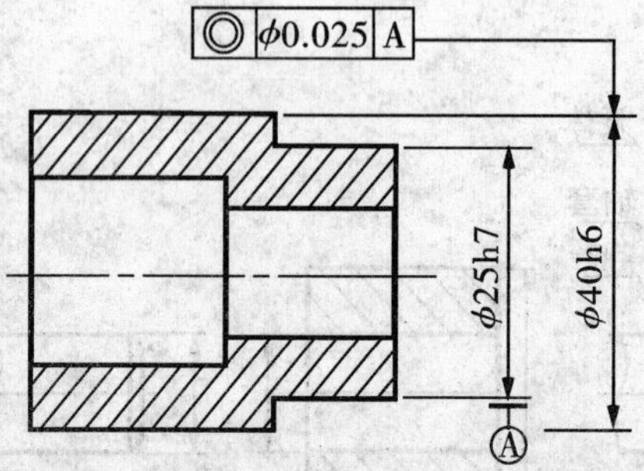

ϕ26h6轴线对ϕ25h7的____公差为ϕ0.025 。

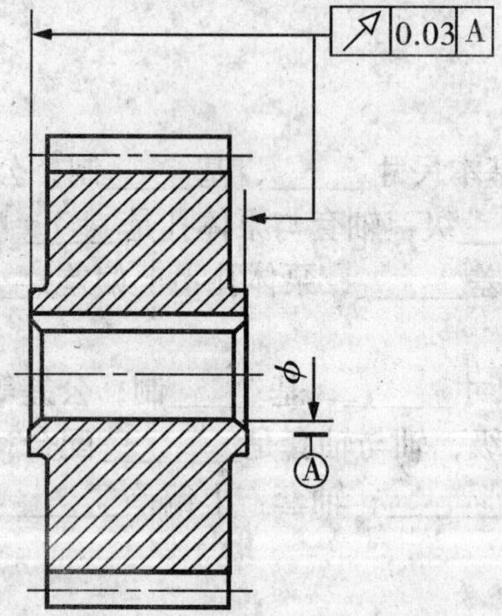

齿轮轮毂两端面对____的圆跳动公差为____。

2. 按要求将文字说明的形位公差标注在图形中。

(1)ϕ20H7轴线对底面的平行度公差为0.02 mm。

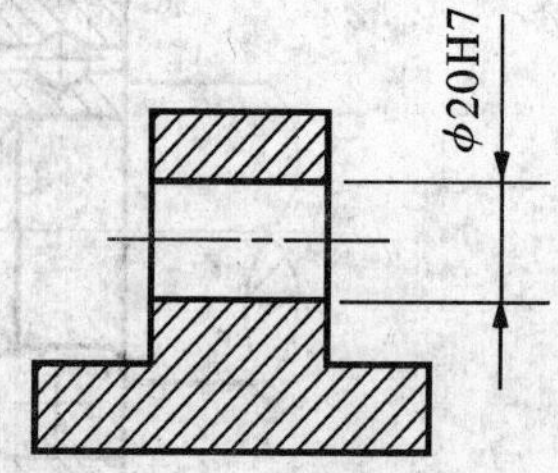

(2)顶面对底面的平行度公差为0.02 mm。

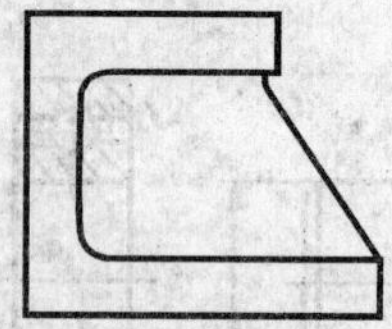

(3)槽A对距离40的两平面对称度公差为0.06 mm。

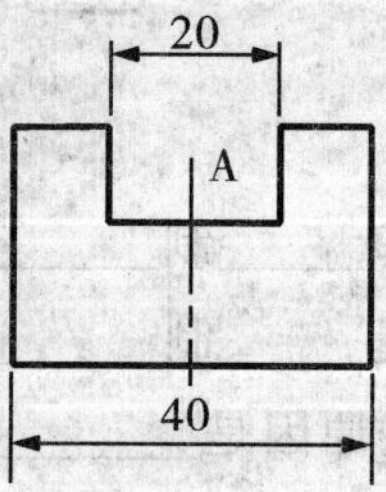

班级		姓名		学号		页次	80

3. 用文字解释图中的形状和位置公差。

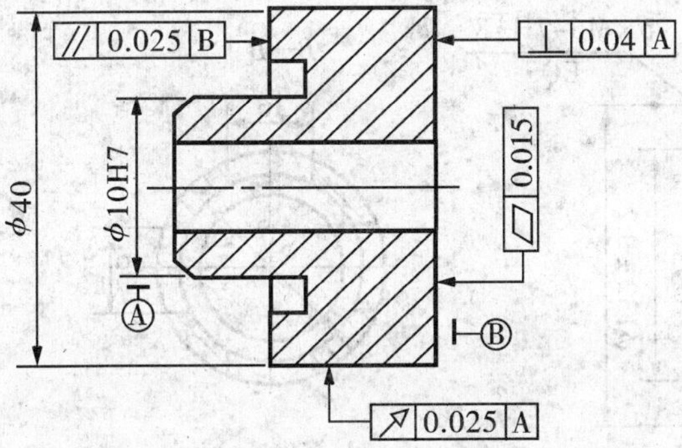

⊥ 0.04 A ________________________

____

▱ 0.015 ________________________

____

// 0.025 B ________________________

____

↗ 0.025 A ________________________

____

4.对照下图所注形位公差，理解含义并填空。

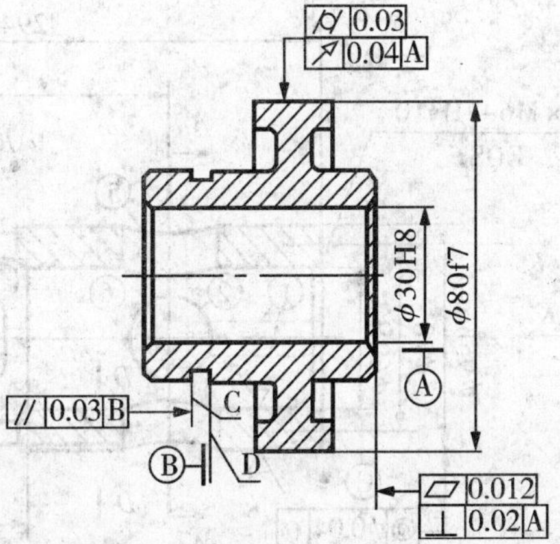

▱ 0.012 的含义：属于________公差，公差项目是________，被测要素是__________，公差值为________。

⌭ 0.03 的含义：属于________公差，公差项目是________，被测要素是__________，公差值为________。

↗ 0.04 A 的含义：属于________公差，公差项目是________，被测要素是__________，基准要素是________，公差值为________。

// 0.03 B 的含义：被测要素是__________，基准要素是__________，公差项目是__________，公差值为__________。

⊥ 0.02 A 的含义：被测要素是__________，基准要素是__________，公差项目是__________，公差值为__________。

班级		姓名		学号		页次	81

8-5 读零件图(一)

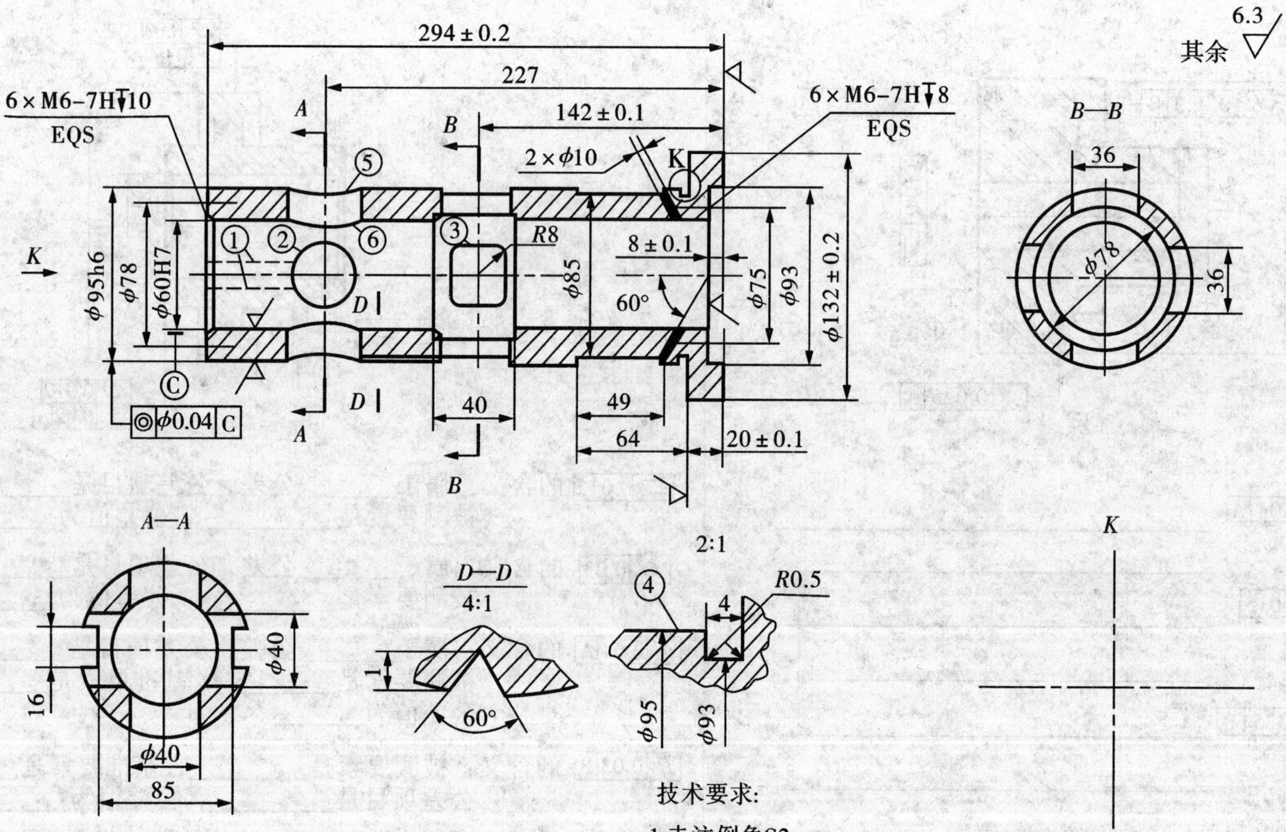

技术要求:

1.未注倒角C2。

2. √ = 1.6√。

套筒:材料45

班级		姓名		学号		页次	82

8–5 读零件图(二)

1.读套筒零件图(见上页)，回答以下问题。

(1)轴向主要尺寸基准是________，径向主要尺寸基准是________。

(2)图中标有①的部位，所指两条虚线间的距离为________。

(3)图中标有②所指的直径为________。

(4)图中标有③所指的线框，其定形尺寸为________，定位尺寸为________。

(5)靠右端的$2\times\phi10$孔的定位尺寸是________。

(6)最左端面的表面粗糙度为________，最右端面的表面粗糙度为________。

(7)局部放大图中④所指位置的表面粗糙度是________。

(8)图中标有⑤所指的曲线是由________与________相交形成的________。

(9)外圆面$\phi132\pm0.2$最大可加工成________，最小可为________，公差为________。

(10)补画K局部视图。

班级		姓名		学号		页次	83

2. 阅读轴的零件图(见下页)，并回答下列问题。

(1)根据零件名称和结构形状可知，此零件属于________类零件，采用______材料。

(2)该零件共用了___个图形表达，主视图作了____剖视，断面图主要用来表达________，①处采用的表达方法是________。

(3) 2×M6-7H ↧10中2表示________，M6表示________，是_____牙普通螺纹，中、顶径公差带代号为_____，旋向为_____。

(4) | ◎ | ϕ0.016 | A−B | 的含义，被测要素为__________，基准要素为________，公差项目是_______，公差为_______。

(5)图中有_____种表面粗糙度等级，其中表面最光滑的R_a值是_____。

(6)图中尺寸ϕ35k6中，基本尺寸是______，公差带代号是______，k是______代号，公差等级是______。

(7)左端面上ϕ3H7销孔的定位尺寸是_______。

(8)图中左端键槽的长度______，槽宽为______，槽深为______，键槽的定位尺寸是________。

(9)图中尺寸$\phi 25h6(^{0}_{-0.013})$的最大极限尺寸为_____,最小极限尺寸为______，上偏差为______，下偏差为_____，公差为______。

(10)用引线标出轴向尺寸和径向的主要基准。

(11)在下面空白处按1:1比例画出左视图（虚线不画）。

班级		姓名		学号		页次	84

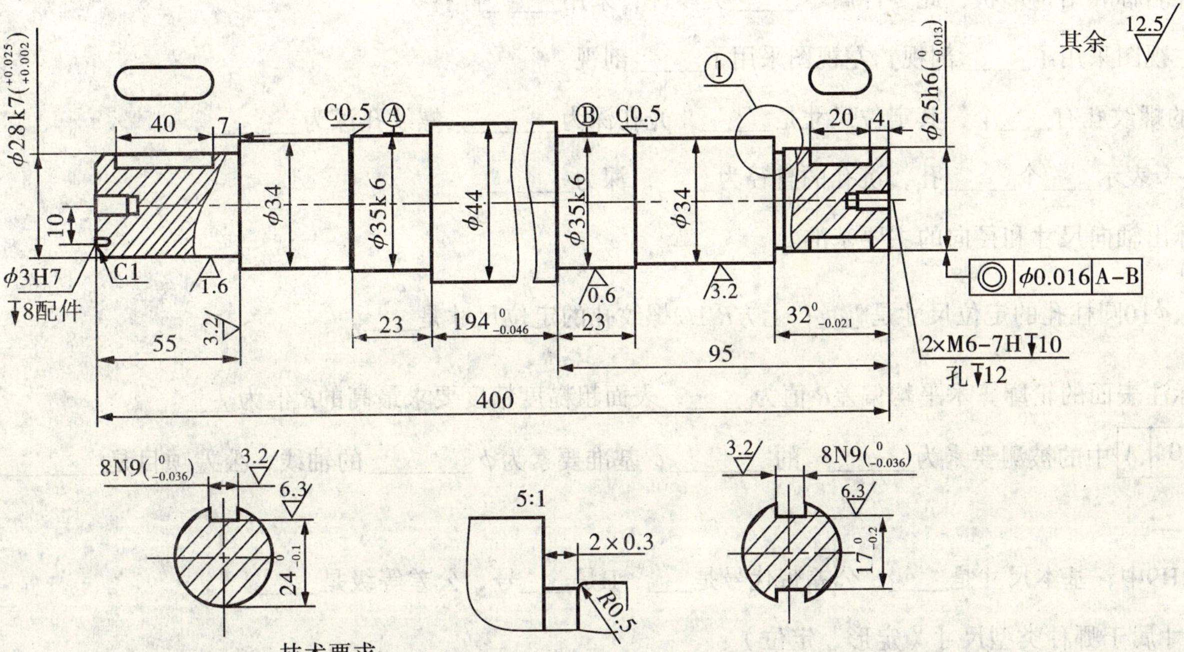

技术要求:

1.调质(220–250)HBS。

2.未注圆角$R1.6$。

轴	比例	材料	
		45钢	
制图			
审核			

班级		姓名		学号		页次	85

3. 阅读下页零件图，并回答下列问题。

(1)根据零件名称和结构形状，此零件属于_____类零件，采用_____材料。

(2)该零件主视图采用了_____剖视，左视图采用了_____剖视。

(3)图中M5的螺纹孔有____个，其定位尺寸是_____，光孔深为______，螺纹孔深为_______。

(4) $\dfrac{6\times\phi 6}{⌴\phi 12↧6}$ 表示____个_____孔，沉孔的直径为_____，深为______。

(5)用引线标出轴向尺寸和径向的主要基准。

(6)右端面上ϕ10圆柱孔的定位尺寸是____；上方R_c1/2螺纹孔的定位尺寸是____。

(7)图中未标注表面的轮廓算术平均偏差R_a值为_____，表面粗糙度精度要求最高的R_a值为____。

(8) | ◎ | ϕ0.04 | A | 中的被测要素为________的________，基准要素为ϕ ________的轴线，公差项目是______________，公差值是__________。

(9)尺寸ϕ32H9中，基本尺寸是_____，公差带代号是___，H是____号，公差等级是_____。

(10)下列尺寸属于哪种类型尺寸（定形、定位）：

左视图中ϕ72是___尺寸，主视图中ϕ52是_____尺寸。

(11)ϕ90外圆的表面粗糙度值是______。

(12)在下面空白处画出右视图（虚线不画）。

8-5 读零件图(六)

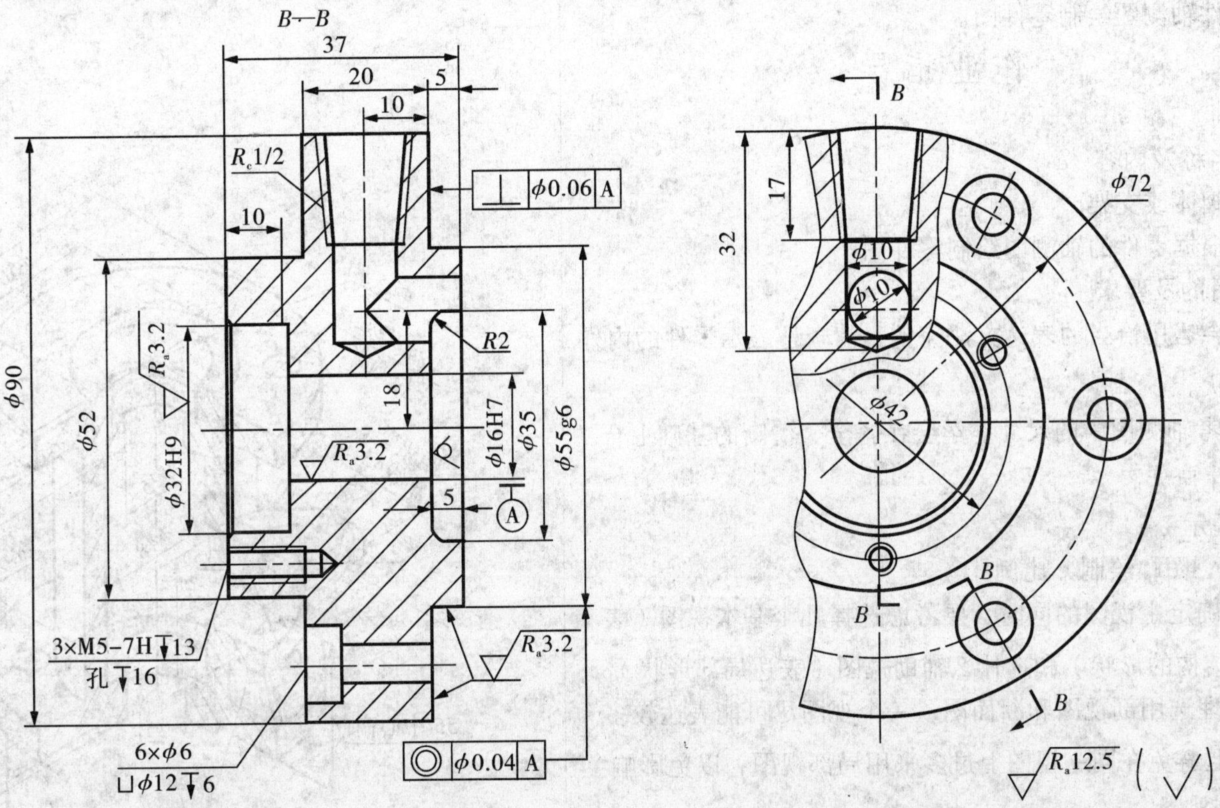

技术要求：
1.铸件不得有砂眼、裂纹等缺陷；
2.未注倒角C1.5。

设计			圆盖	(图号)	
工艺				比例	
审核			HT150	(企业名)	

班级		姓名		学号		页次	87

根据零件轴测图绘制零件图。

作业指导

1.作业名称及内容

图名：阀体或支架

内容：根据零件的轴测图绘制零件图

2.作业目的及要求

(1)学会运用恰当的表达方法完整、清晰地表示零件的内外结构形状。

(2) 参考轴测图中的尺寸，学会在齐全、清晰的基础上合理地标注尺寸。

3.作业提示

(1) 用A3图幅绘制，比例1:1。

(2) 在确定主视图的同时，要考虑选择几个基本视图（表达主体结构的形状）和选什么辅助视图（表达局部形状）。

(3) 合理选用剖视图和断面图，一个视图尽可能表达较多结构，但避免在同一视图上过多采用局部视图，以免影响主体形状。

(4) 选用的一组图形，应便于标注尺寸，或者通过标注一个至几个尺寸，使视图简化或减少视图数量。

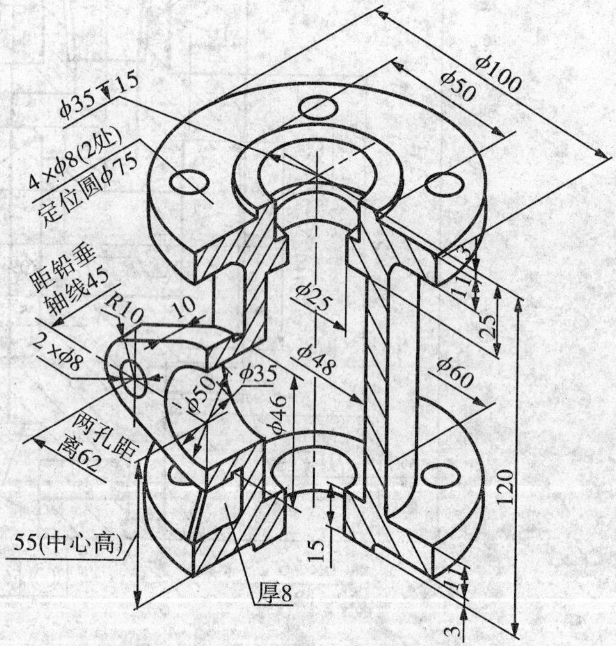

未注明倒角R3~R5

班级		姓名		学号		页次	88

第九章　装配图

9-1　大作业：根据零件图画装配图(一)

作业指导书

一、目的：

通过做作业，掌握装配图的绘制方法和步骤。

二、内容与要求

1.看懂千斤顶的全部零件图；

2.选用最佳表达方案，将千斤顶的工作原理、装配连接关系、传动路线等表达清楚；

3.布局合理，图线清晰。

三、画图步骤

1.确定主视图的投射方向，拟定表达方案；

2.确定绘图比例和图幅大小；

3.画出主要轴线、对称中心线和主要基准线；

4.绘制主要零件轮廓线；

5.绘制其他零件；

6.标注尺寸及技术要求；

7.编写序号，填写标题栏、明细栏。

四、千斤顶的工作原理

千斤顶是顶起重物的部件。使用时只需转动旋转杆，超重螺杆就会向上移动，将重物顶起。

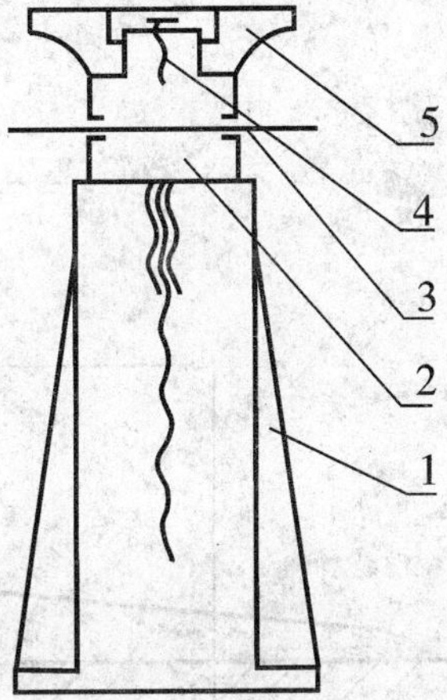

千斤顶装配示意图

序号	代号	名称	数量	材料	备注
5		顶盖	1	45	
4		螺钉	1	30	
3		旋转杆	1	45	
2		起重螺杆	1	45	
1		底座	1	HT300	

设计		(日期)		(校名)
校核				
审核			比例	千斤顶
班级	学号		共　张第　张	图样代号

9-1 大作业：千斤顶零件图(二)

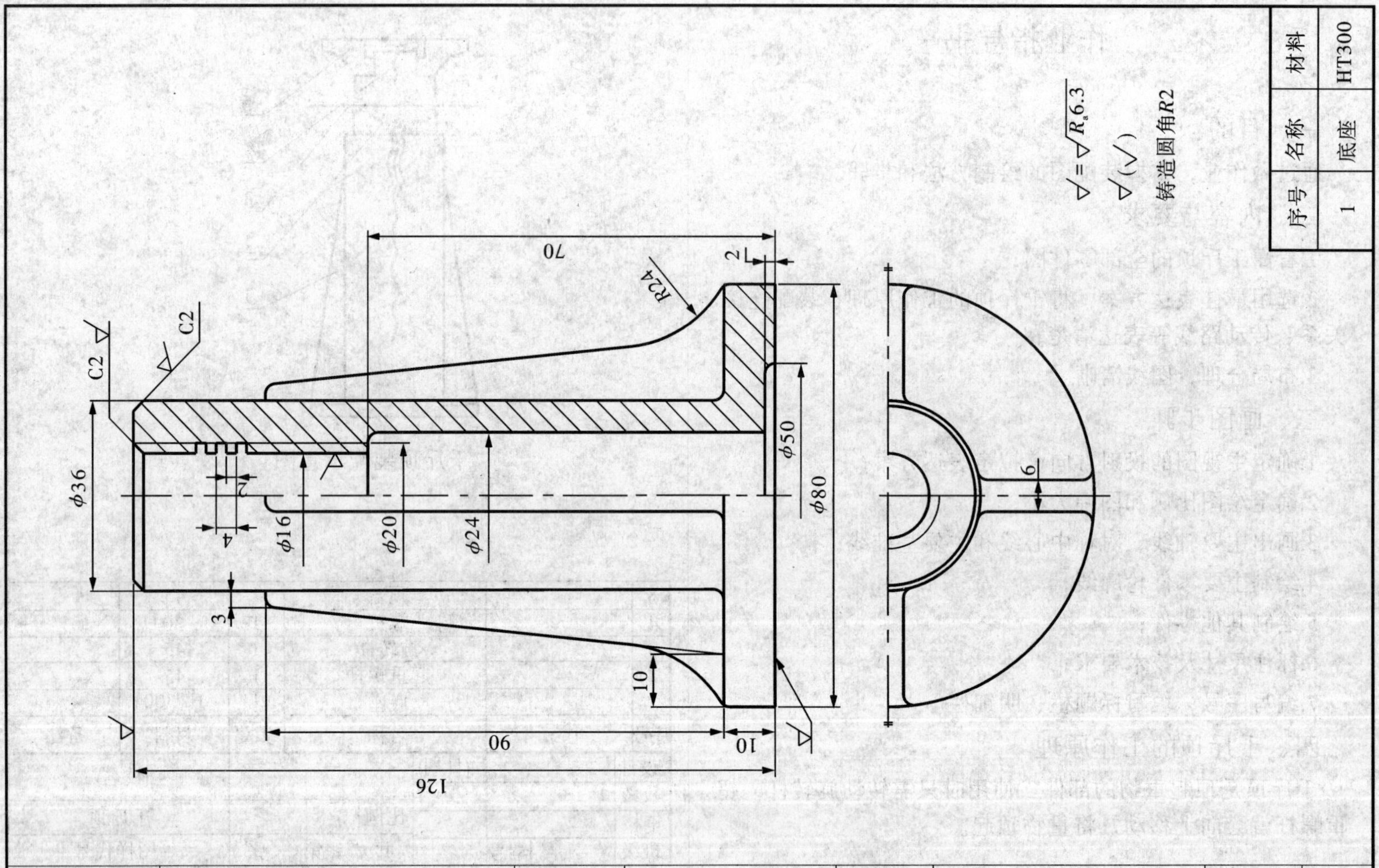

班级		姓名		学号		页次	90

9-1 大作业：千斤顶零件图(三)

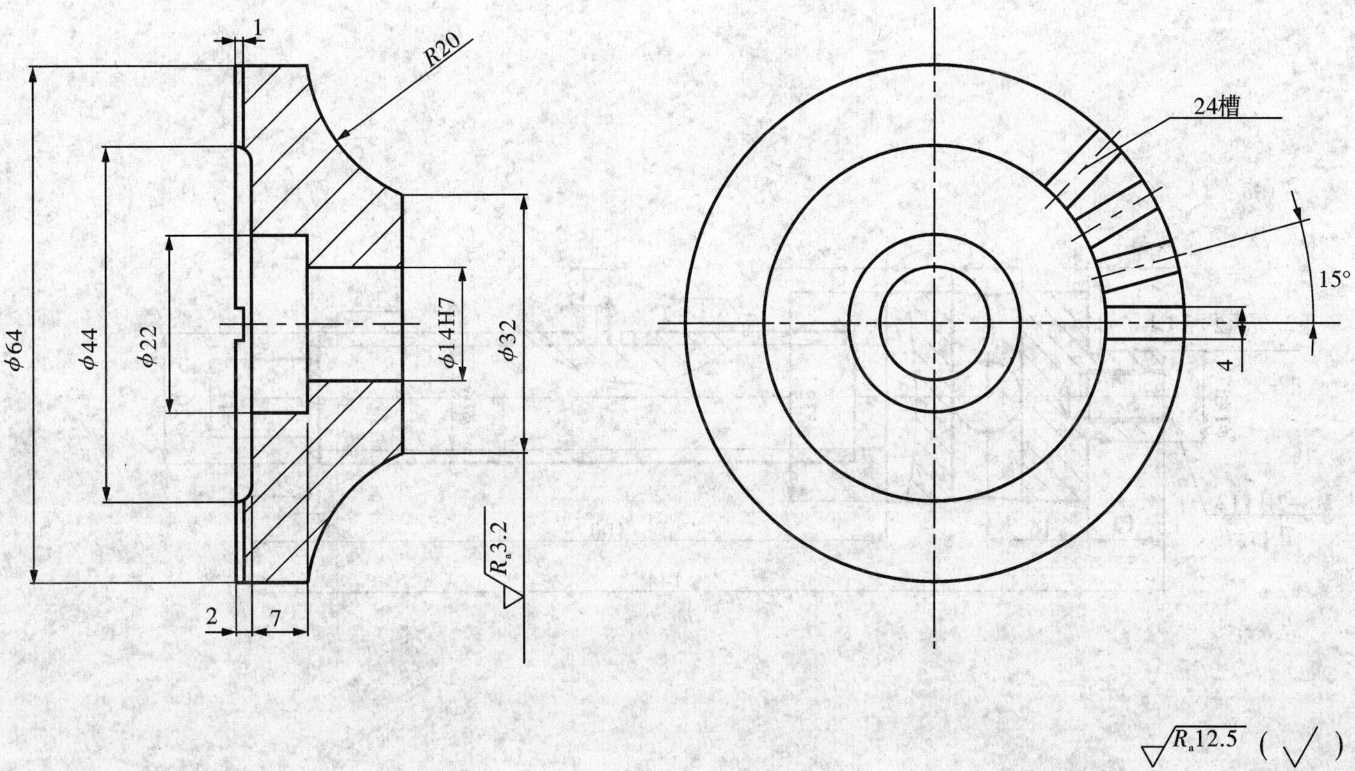

序号	名称	材料
5	顶盖	45

班级		姓名		学号		页次	91

9-1　大作业：千斤顶零件图(四)

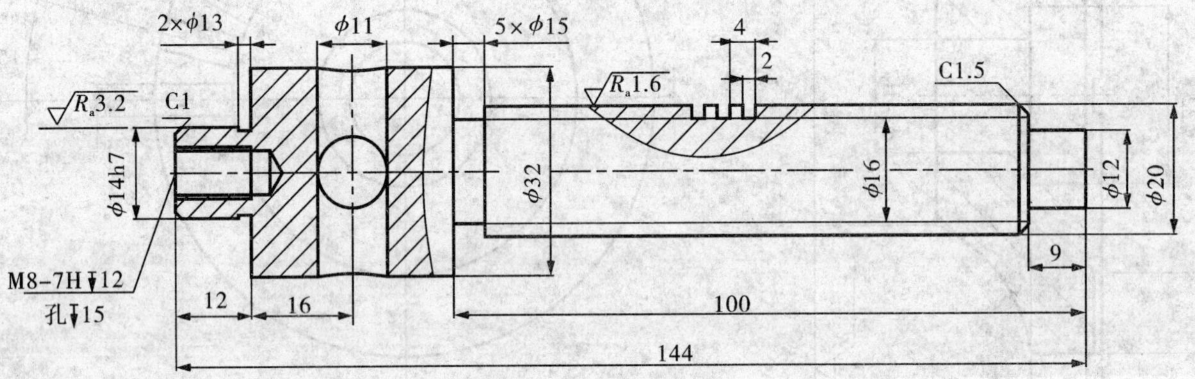

序号	名称	材料
2	起重螺杆	45

班级		姓名		学号		页次	92

9-1 大作业：千斤顶零件图(五)

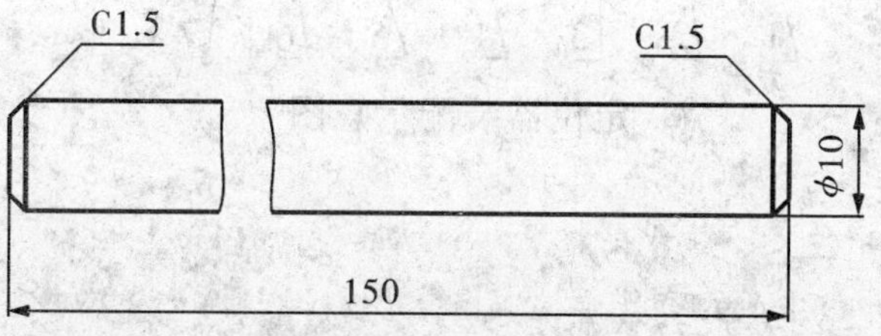

$\sqrt{R_a 6.3}$ ($\sqrt{}$)

序号	名称	材料
3	旋转杆	45

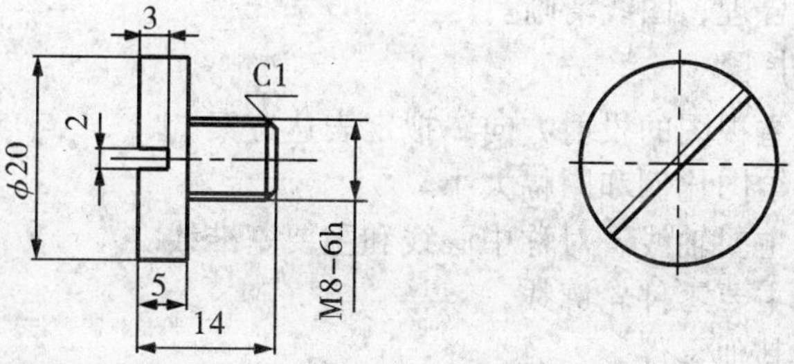

$\sqrt{R_a 3.2}$ ($\sqrt{}$)

序号	名称	材料
4	螺钉	45

班级		姓名		学号		页次	93

作业指导书

一、目的

通过做作业，掌握装配图的绘制方法和步骤。

二、内容与要求

1.看懂定位器的全部零件图。

2.选用最佳表达方案，将定位器的工作原理、装配连接关系、传动路线等表达清楚。

3.布局合理，图线清晰。

三、步骤

1.确定主视图的投射方向，拟定表达方案。

2.确定绘图比例和图幅大小。

3.画出主要轴线、对称中心线和主要基准线。

4.绘制主要零件轮廓线。

5.绘制其他零件。

6.标注尺寸及技术要求。

7.编写序号，填写标题栏、明细栏。

四、定位器的工作原理

定位器安装在仪器的机箱内壁。工作时定位轴的一端插入被固定零件的孔中，当该零件需要变换位置时，应拉动把手7，将定位轴从该零件的孔中拉出，松开把手后压簧4使定位轴回复原位。

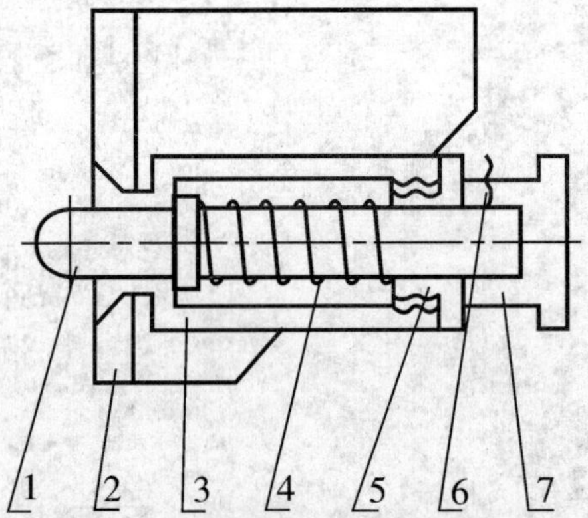

定位器装配示意图

序号	代 号	名 称	数量	材料	备注
7		把手	1	塑料	
6		螺钉M2.5×4	1	35	GB/T 77—2000
5		盖	1	15	
4		压簧	1	50	0.5×7×13
3		套筒	1	45	
2		支架	1	35	
1		定位轴	1	45	

设计		(日期)		(校名)
校核				
审核			比例	定位器
班级	学号		共　张第　张	(图号)

班级		姓名		学号		页次	94

9-2 大作业：定位器零件图(二)

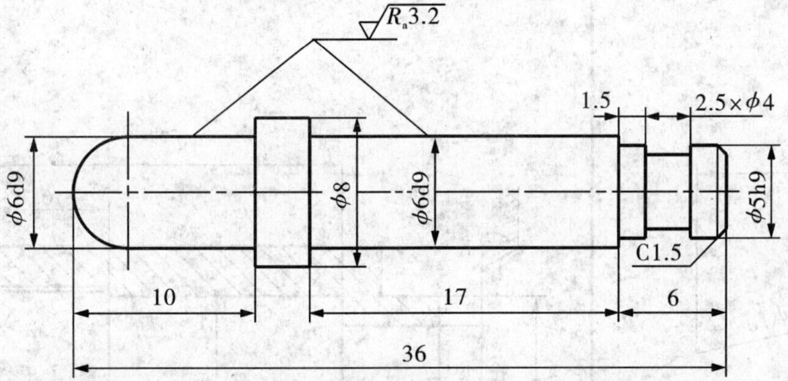

$\sqrt{R_a6.3}$ (√)

序号	名称	材料
1	定位轴	45

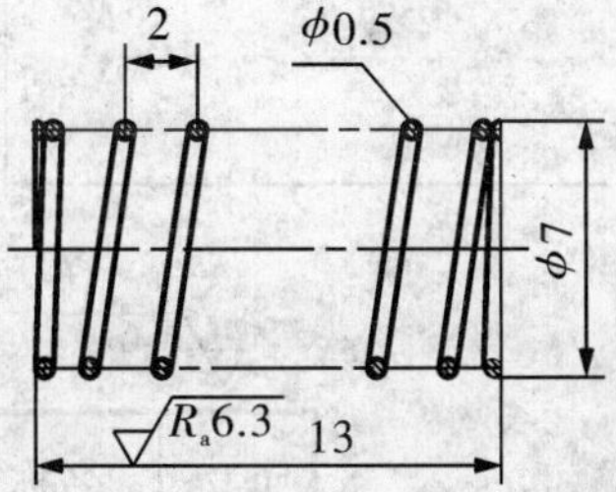

(√)

序号	名称	材料
4	压簧	50

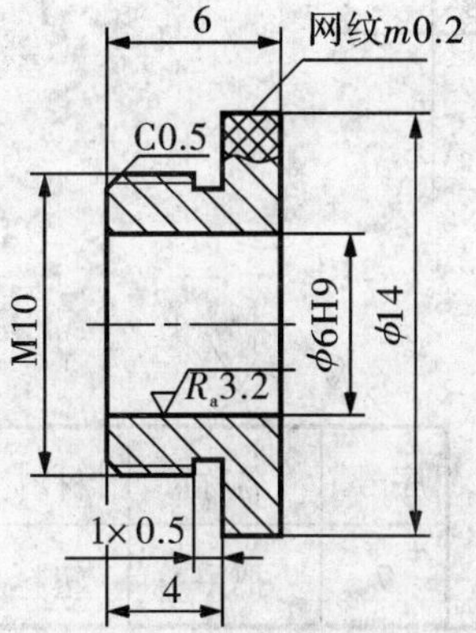

$\sqrt{R_a6.3}$ (√)

序号	名称	材料
5	盖	15

班级		姓名		学号		页次	95

9-2　大作业：定位器零件图(三)

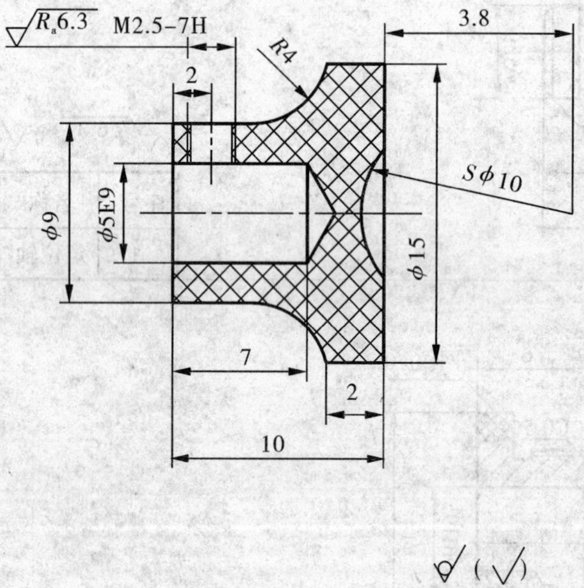

序号	名称	材料
7	把手	塑料

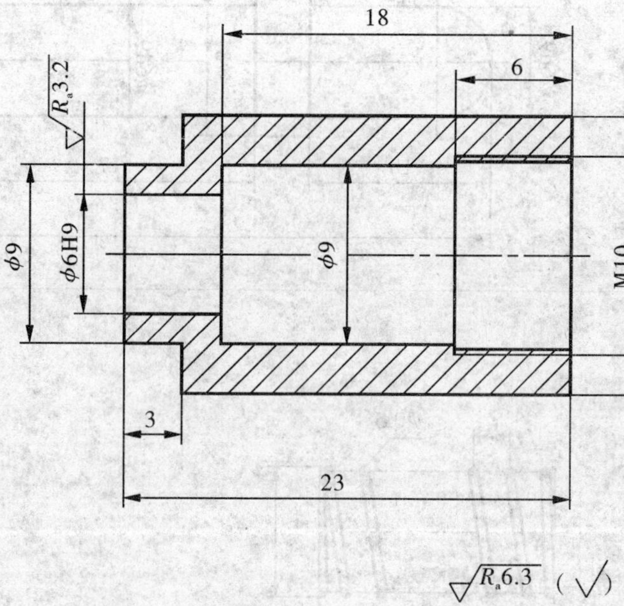

序号	名称	材料
3	套筒	45

班级		姓名		学号		页次	96

9-2 大作业：定位器零件图(四)

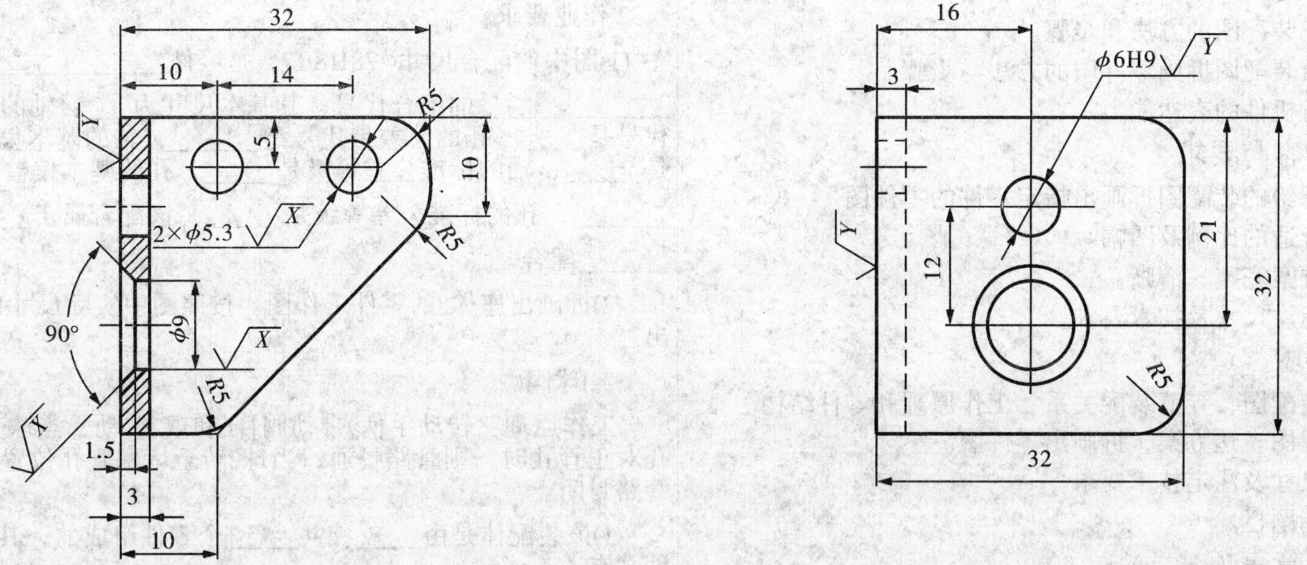

$\sqrt{X} = \sqrt{R_a 6.3}$

$\sqrt{Y} = \sqrt{R_a 3.2}$

$\sqrt{}$ ($\sqrt{}$)

序号	名称	材料
2	支架	35

班级		姓名		学号		页次	97

作业指导书

一、目的

1.掌握读装配图的方法和步骤。

2.掌握由装配图拆画零件图的方法与步骤。

3.提高对机件的表达能力。

二、内容与要求

1.根据所给的装配图拆画出指定零件的零件图。

2.选用合适的比例及图幅。

3.表达方案完整、清晰。

4.正确标注尺寸及技术要求。

三、步骤

1.看懂装配图，弄清装配关系、工作原理和零件结构。

2.确定视图表达方案，拆画出零件图。

3.标注尺寸及注定技术要求。

4.填写标题栏。

四、注意事项

1.装配图中省略的某些结构在拆画零件图时应补充完整。

2.零件图的视图表达方案不能照抄该零件在装配图中的表达方案，应根据零件的结构特征、工作位置或加工位置来确定。

(一)铣刀头

1.工作原理：铣刀头为传动部件，电机将动力传递给V形带轮4和安装在座体8内的轴7，使刀盘和刀开始工作。

2.作业要求：

(1)图中的配合尺寸ϕ28H8/f7，是零件________________和______________的配合代号，其基本尺寸为___，轴的公差带代号是____，孔的公差带代号是______，轴的基本偏差代号是_____，轴的标准公差等级是_____，孔的基本偏差代号是_______，孔的标准公差等级是______。该配合属于_____制______配合。

(2)拆画出座体8的零件工作图。按照图中实际尺寸1:1画出。

(二)球阀

工作原理：转动手柄9带动阀杆6和球2转动，当球上的通孔对正管孔时，则管路畅通；当球2转至堵塞管孔位置时，则管路封闭。

(1)该装配体是由_____种共_____个零件组成的，其中标准件共有_____个。

(2)主视图采用了_______剖，主要表达_______________；左视图采用了_______剖，主要表达___________________。

(3)图中阀盖与阀体1用__________连接。

(4)图中起密封作用的零件有_______________________。

(5)拆画阀体1的零件图。

班级		姓名		学号		页次	98

9-3 根据装配图回答问题并拆画零件图(六)

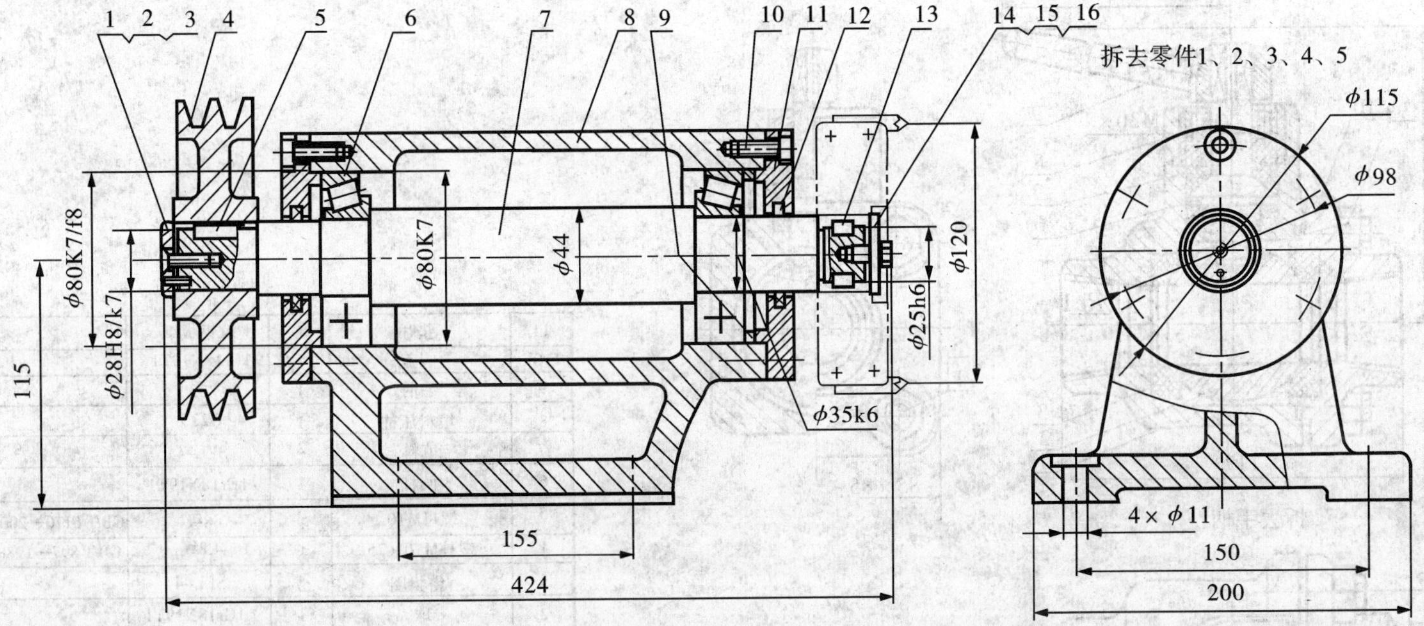

铣刀头装配图

16	GB/T 93	垫圈6	1	65Mn	6	GB/T 294	轴承30307	2	
15	GB/T 5783	螺栓M6×20	1	Q235-A	5	GB/T 1091	键8×7×40		45
14		挡圈B32	1	35	4		V带轮	1	HT150
13	GB/T 1096	键6×6×20	2	45	3	GB/T 1191	销3×12	1	35
12	无图	毛毡25	2	222-36	2	GB/T 68	螺钉M16×18	1	Q235-A
11		端盖	2	HT200	1	GB/T 891	挡圈35	1	Q235-A
10	GB/T 701	螺钉M6×20	12	Q235-A	序号	代号	名称	件数	材料
9		调整环	1	35	制图		铣刀头		比例
8		座体	1	HT200	审核				(图号)
7		轴	1	45			(质量)		

9-3 根据装配图回答问题并拆画零件图(七)

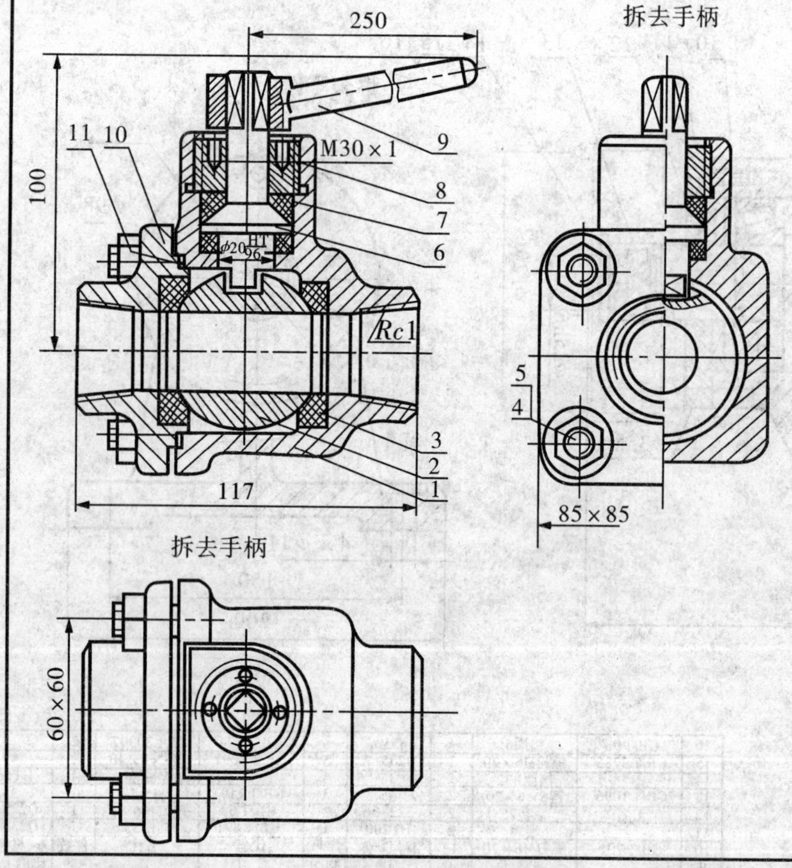

11	垫片	1	软钢板纸	
10	阀盖	1	1Cr18N19T1	
9	手柄	1	35	
8	填料压柱	1	Q235	
7	填料	2	SFL-4	
6	阀杆	1	1Cr18N19T1	
5	螺母M10	4	8级	GB/T 6170—2000
4	螺柱M10×25	4	4.8级	GB/T 897—1988
3	密封圈	2	SFL-4	
2	球	1	1Cr18N19T1	
1	阀体	1	1Cr18N19T1	
序号	名称	数量	材料	备注

球阀		比例	图号
制图			
审核			

球阀装配图

班级		姓名		学号		页次	100

参 考 文 献

[1] 全国技术产品文件标准化技术委员会，中国标准出版社第三编辑室. 技术产品文件标准汇编 技术制图卷[M]. 北京：中国标准出版社，2007.

[2] 全国技术产品文件标准化技术委员会，中国标准出版社第三编辑室. 技术产品文件标准汇编 机械制图卷[M]. 北京：中国标准出版社，2007

[3] 王槐德. 机械制图新旧标准代换教程[M]. 北京：中国标准出版社，2007.

[4] 王槐德. 机械制图课教学参考书[M]. 北京：中国劳动社会保障出版社，2007.

[5] 刘力. 机械制图. 3版[M]. 北京：高等教育出版社，2008.

[6] 徐祖茂. 机械工程图学[M]. 上海：上海交通大学出版社，2005.

[7] 金大鹰. 机械制图[M]. 6版. 北京：机械工业出版社，2005.

[8] 马兰. 机械制图[M]. 北京：机械工业出版社，2007.

[9] 钱克强. 机械制图[M]. 2版. 北京：高等教育出版社，2007.

[10] 梁德本. 机械制图手册[M]. 北京：机械工业出版社，2006.

[11] 李月琴. 机械零部件的测绘[M]. 北京：中国电力出版社，2007.